용기를 내어 당신이 생각하는 대로 살아야 합니다.
그렇지 않으면 머지않아 당신은 사는 대로 생각하게 될 것입니다.
– 폴 부르제(프랑스의 시인, 철학자)

Il faut viver comme on pense,

sans Il faut viver comme on pense,

sans quoi l'on finira par penser comme on a vécu.
- Paul Bourget

니나의 인형 옷 만들기

인형 니나는 직접 만들어
옷을 갈아입히며 즐기는 인형으로서 2005년 2월에 탄생했어요.
키 35cm, 몸무게 50g, 주황색 머리카락이 매력 포인트인 니나는
손에 들었을 때의 감촉과 적당한 무게감이 무척이나 사랑스럽게 느껴져
10년째 많은 분에게 사랑을 받고 있습니다.

긴 팔다리에 날씬한 몸매는 어떤 옷도 소화하는 슈퍼스타일.
여러 가지 옷으로 갈아 입혀주는 것을 매우 좋아하는 니나.
때로는 멋 부리기를 좋아하는 꼬마 패셔니스타로,
또 때로는 동화 속 여주인공으로 변신하지요.
한껏 멋을 부리고 친구 안나와 함께 외출하는 것도 매우 좋아합니다.

이 책에서는 니나 본체와 평상시 입는 캐주얼웨어뿐 아니라,
조금 멋을 부린 화려한 파티 드레스, 신발이나 핸드백 등의 소품에 이르기까지
여러 가지 의상과 장신구 80점을 수록하였습니다.
여기에 소개하는 모든 아이템을 쉽게 만들 수 있도록
시접 포함 패턴을 함께 제공합니다.
같은 패턴이라도 원단의 무늬나 소재를 바꾸거나 리본이나 레이스를 더하기만 하면
원피스 파티드레스로 변신하는 등, 다채로운 변화를 즐길 수 있습니다.

니나의 옷은 적은 분량의 천으로도 충분히 만들 수 있으므로
쪼가리 천을 활용하거나 안 입는 옷을 재활용하기에 적합합니다.
여러분이 아끼던 옷이나 추억이 깃든 옷이 니나의 옷으로 변신하면
앞으로도 오랫동안 함께 있을 수 있겠죠.
세상에 단 하나뿐인 당신만 니나를 만들어 옷 갈아입히기를 즐겨 보세요.

2017년 8월
호비라 호비레

contents

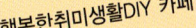

행복한취미생활DIY 카페
(http://cafe.naver.com/diytp)에서
니나 인형, 점퍼스커트, 티셔츠,
레깅스(타이즈), 신발 등의 만들기 방법을
동영상 강의로 제공합니다.

니나의 여러 가지 의상 대공개!

니나의 여러 가지 의상 대공개!

이 책에 실린 니나의 옷과 소품 약 80점을 소개합니다.

마음에 드는 아이템부터 만들어 보고 조금씩 니나의 의상을 늘려가세요.

작품 번호 앞자리의 알파벳이 같은 경우는 같은 패턴을 사용해서 만든 것임을 나타냅니다.

한 장의 패턴으로 여러 가지 옷을 만들 수 있어요.

원피스

A 01
p.10
p.33

A 02
p.18
p.26

B 03
p.16

B 04
p.17
p.20

B 05
p.22
p.33

B 06
p.26
p.30

B 07
p.31

C 08
p.11

D 09
p.28

탑

E 10
p.13
p.20

E 11
p.20

F 12
p.25
p.26

F 14
p.12
p.14
p.33

F 13
p.23
p.33

F 15
p.22
p.26

F 16
p.16
p.20

F 17
p.13
p.14

F 16
p.20
p.33

G 19
p.19

G 20
p.14

H 21
p.12
p.14

H 22
p.24
p.26

H 23
p.32
p.33

보텀

J 25
p.19
p.33

L 27
p.25
p.33

I 24
p.12
p.14

K 26
p.20
p.23
p.26

N 30
p.14
p.32

O 32
p.13
p.20

M 28
p.12
p.14

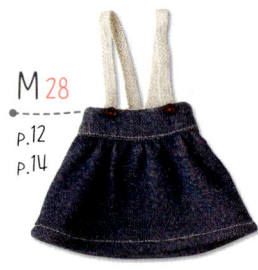

M 29
p.14
p.24

N 31
p.18
p.26
p.33

아우터

P 33
p.26
p.30

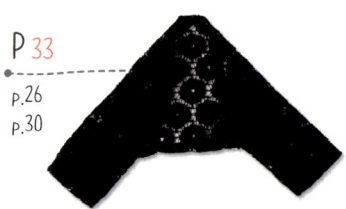

P 34
p.26
p.31

Q 36
p.24
p.33

Q 35
p.14
p.25

Q 37
p.20
p.23
p.33

소품

R 39 p.18

R 40 p.10 p.11

R 41 p.14 p.25 p.33

R 42 p.24

R 38 p.13 p.16 p.20

R 43 p.32

R 44 p.12

R 45 p.12 p.14

R 47 p.23 p.33

S 48 p.26 p.30

S 49 p.14 p.22 p.26

T 50 p.26

T 51 p.10 p.12 p.19

U 52 p.22

V 53 p.13 p.16

V 54 p.11 p.31

V 55 p.18

W 56 p.17

W 57 p.30

Y 58 p.12 p.23 p.24

Y 59 p.14 p.25 p.32

Z 60 p.20 p.33

61 p.25 p.32

63 p.26 p.30

65 p.14 p.18

앨리스의 소품 세트 p.28~29

R 46

78

62 p.18 p.26

64 p.11 p.31

66 p.17 p.20

67 p.14 p.16

68 p.19 p.23

69 p.12 p.22

70 p.32

79

80

71 p.12 p.14

73 p.24 p.31

75 p.26 p.31

77 p.31

72 p.30

74 p.17

76 p.17 p.26

81 p.13

7

자기소개

Nina

니나입니다

만드는 법은 p.36

느긋한 성격의 낙천주의자로 나이는 아홉 살.

패션에 관심이 많아요! 특히 여러 가지 옷을 조화롭게
섞어 입는 코디가 특기입니다.

혈액형 : O형

가족 : 부모님과 여동생 그리고 애견 코코

코코의 산책은 내 몫이죠.

그래서 코코가 우리 집에 온 후로는 늦잠을 자지 않아요.

사는 곳 : 파리

배우는 것 : 발레

세 살부터 발레를 시작했어요. 연습이 힘들기는 해도
발표회 때 춤을 추는 게 즐겁고 좋습니다.

최근 관심사 : 안나와 시작한 걸스밴드.

나는 보컬 담당. 너무 재밌어서 연습하다 보면
순식간에 시간이 지나 버려요!

안나입니다

만드는 법은 니나와 같아요. 머리카락 만드는 법은 p.79

신중한 성격에 언니 같은 타입으로 나이는 아홉 살.

니나 덕분에 지금은 패션에 관심이 많아요.

특기는 컬러 코디네이션.

혈액형 : A형

가족 : 부모님

사는 곳 : 파리

배우는 것 : 그림

쉬는 날에는 종종 미술관에 갑니다.

파리에는 미술관이 많아 그날그날 기분에 따라
장소를 선택하지요.

최근 관심사 : 기타입니다. 코드에 손이 닿지 않을 때도 있지만,
어쩌다 잘 친 날은 너무너무 신나요!

Anna

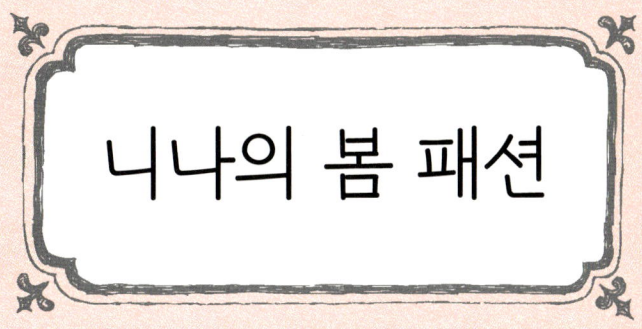

니나의 봄 패션

Printemps

봉주르! 니나예요.

이제부터 내 옷과 여러 가지 소품을 소개할게요.
멋스러우면서도 손쉽게 만들 수 있는 것들이 많아요.
이것저것 만들어두면 선택의 폭이 넓어 코디하기가 좋아서
계절이나 상황에 맞는 옷 갈아입히기를 즐길 수 있답니다♪

가슴 부분의 프린트가 매력 포인트인
펠트로 만든 원피스.
원단 가장자리의 처리가 필요 없는
펠트 원단은 초보자도 다루기
쉬운 소재이니 처음에 만들어
보기를 추천합니다.

만드는 법

원피스	양말	신발
A 01 p.40	R 40 p.67	T 51 p.68

오늘은 외출하는 날

꽃무늬 프린트 원피스, 군데군데 니나의 얼굴이 프린트된 거 보이세요?
오늘은 마음에 쏙 드는 옷을 입고 발레 감상을 위해 외출합니다.
풍성한 소매가 화사해 보이죠?

만드는 법	원피스	양말	신발	핸드백
	C08 p.47	R40 p.67	V54 p.68	64 p.71

소매산에 턱 주름을 잡아 볼륨감을
주었습니다. 치마도 2단으로 이루어진
티어드 스커트(tiered skirt)로 만들어
사랑스러운 소녀의 느낌을
한껏 살린 원피스입니다.

안나와 약속

내 친구 안나를 소개합니다.
학교에서는 물론이고 방과 후에도 늘 함께해요.
오늘은 우리 둘 다 니트 셔츠와 데님 스커트로 코디!
베스트프렌드이지만, 패션에서만큼은 라이벌이죠.

살로페트 스커트(salopette skirt)에
보더 티셔츠는 니나가 즐겨 입는 스타일.
어떤 아이템과도 잘 어울리므로
갖춰 두면 편리합니다. 안나의 스커트는
어깨끈이 달린 것으로 윗옷을 치마 안에
집어넣고 어깨끈을 겉으로 빼서서 입는
코디도 즐길 수 있습니다.
(p.14 참조)

★ Anna ★

	티셔츠	스커트	양말	신발	헤어 밴드
만드는 법	H21 p.55	M28 p.61	R45 p.67	T51 p.68	71 p.74

★ Nina ★

	티셔츠	스커트	양말	신발	토트백
만드는 법	F14 p.52	I24 p.57	R44 p.67	Y58 p.70	69 p.73

코코와 산책하기

애견 코코는 깜찍한 여자아이예요. 귀여운 코코와 산책할 때는 나도 귀여운
소녀풍의 옷을 입습니다. 오늘은 꽃무늬 블라우스와 스커트,
그리고 같은 계열 색상의 가디건을 매치해 봤어요.

만드는 법	블라우스 E10 p.51	카디건 F17 p.53	스커트 O32 p.64	양말 R38 p.67	신발 V53 p.68	애견 코코 81 p.79

블라우스와 스커트는 하나로 이어진
원피스처럼 보이지만, 각각 다른 옷과
매치해서 입을 수 있는 투피스 아이템입니다.
카디건의 경우 단추를 달아 뒤판을
앞으로 해서 입으면
티셔츠처럼 보이기도 합니다
(p.14 참조).

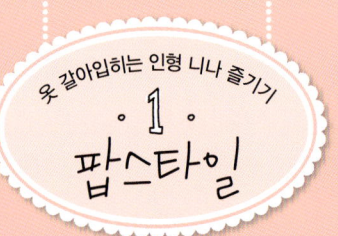

· 1 ·
팝스타일

이 책에서 소개한 니나의 의상들은 어떻게
매치하느냐에 따라 여러 스타일을 연출할 수 있습니다.
각 장의 끝에 한 벌의 옷을 다른 여러 옷과 조합한 것을
스타일별로 소개합니다.
먼저 팝 스타일부터.

	티셔츠	팬츠	핸드백
만드는 법	H21 p.55	N30 p.63	67 p.72

	카디건	스커트	양말
만드는 법	F17 p.53	I24 p.57	R45 p.67

	티셔츠	스커트	재킷
만드는 법	G20 p.54	M29 p.62	Q35 p.65
	레깅스	신발	헤어 밴드
만드는 법	S49 p.67	Y59 p.70	71 p.74

	티셔츠	스커트	양말	핸드백
만드는 법	F14 p.52	M28 p.61	R41 p.67	65 p.72

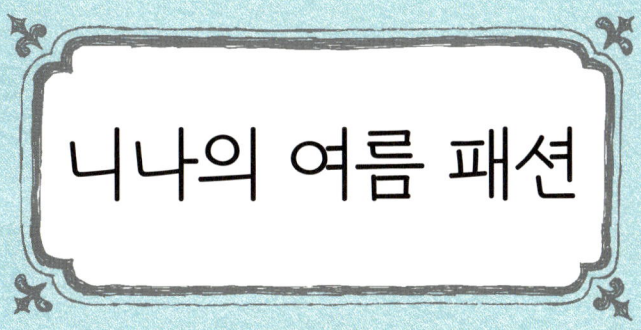

니나의 여름 패션

Été

바캉스 1

엄마 아빠와 함께 프로방스에 갑니다.

해마다 손꼽아 기다리는 이벤트지요.

옷은 프로방스 이미지에 딱 맞는 노 슬리브 원피스.

스타일에 맞춰 핸드백은 내가 좋아하는 하트 모양의 포셰트(pochette)를 선택.

	원피스	볼레로	양말	신발	핸드백
만드는 법	B03 p.42	F16 p.53	R38 p.67	V53 p.68	67 p.72

심플한 선드레스(sundress)에는 포인트로 같은 계열 색상의 리본을 플러스. 신발도 같은 계열 색상을 매치해서 주황색으로 전체적인 균형을 잡아주었습니다.

바캉스 2

이번에 갈 곳은 파리에서 멀지 않은 해변의 리조트 휴양지 도빌.
연두색 원피스를 돋보이게 하는 역할로 고른 노란색.
노란색은 도빌의 바다색과도 잘 어울려요.

하이웨이스트의 이음선이 들어간
선드레스는 기장이 길어도 멋스럽습니다.
해변에서 즐기는 바캉스와 어울리도록
머리카락은 동그랗게 말아 올려 묶은
업스타일로 꾸며 봤어요.

	원피스	신발	핸드백	헤어 밴드	목걸이
만드는 법	B04 p.42	W56 p.69	66 p.72	74 p.75	76 p.74

오늘은 크림소다 기분!

이 세일러 칼라의 튜닉(tunic)은 니나가 매우 좋아하는 아이템입니다.

아래옷은 튜닉과 색깔을 맞춰 짙은 감색을 골라 봤어요.

오늘은 날씨가 더워 카페에 앉아 아이스크림소다를 즐기고픈 기분이네요♪

튜닉은 10쪽의 원피스 기장을
짧게 했습니다.
세일러 칼라는 탈부착 가능합니다.
(p.26 참조)

	튜닉	팬츠	양말	신발	모자	핸드백
만드는 법	A02	N31	R39	V55	62	65
	p.40	p.63	p.67	p.68	p.71	p.72

안나와 함께

지금부터 안나와 함께 공원에 놀러 가요.
멜빵바지를 골라 입어 신나게 뛰어놀 수 있는 차림새를 갖췄습니다.
마음껏 놀 수 있도록 머리카락은 양 갈래로 땋은 후 말아 올려 묶었어요.

만드는 법	티셔츠 G19 p.54	팬츠 J25 p.58	신발 T51 p.68	숄더백 68 p.72

옷을 회색 계열로 통일한 만큼
소품은 짙은 핑크를 골라
포인트를 줬습니다.

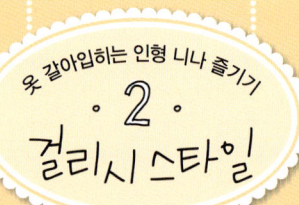

여기서는 꽃무늬 프린트의 소녀다운
로맨틱한 스타일을 모아봤습니다.
니나도 매우 좋아하는
리버티 프린트(liberty print)가
대거 등장! 올이 촘촘한 론(lawn)
원단은 잘 풀리지 않아 작은 옷을
만들 때도 안성맞춤입니다.

	원피스	재킷	재킷
만드는 법	B04 p.42	Q37 p.66	Z60 p.70

	원피스	카디건	부츠
만드는 법	E11 p.51	F18 p.53	Z60 p.70

	블라우스	스커트	양말	핸드백
만드는 법	E10 p.51	K26 p.59	R38 p.67	66 p.72

	티셔츠	볼레로	스커트
만드는 법	F13 p.52	F16 p.53	O32 p.64

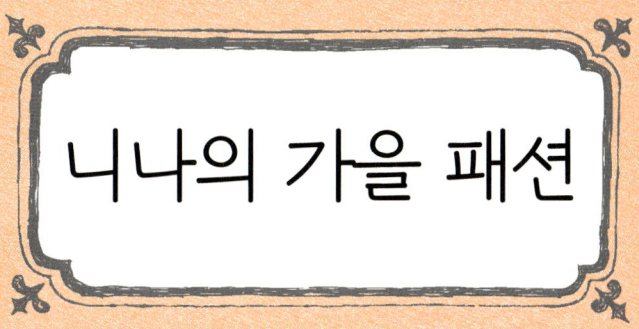

니나의 가을 패션

Automne

체크무늬와 스트라이프에
서로 같은 색이 들어가면
매우 궁합이 좋습니다.
이번에는 블랙이 공통항목이지요.
신발은 장식 술이 달린 태슬 슈즈가
잘 어울립니다.

도서관은 마치 미로 같아

오늘은 도서관에 왔어요. 책이 꽉꽉 들어찬 책장 사이를 걷다 보면

마치 미로 속에서 헤매는 것 같지만, 원하는 책을 찾는 시간이 무척 즐거워요.

이 체크무늬 점퍼스커트는 엄마가 마음에 들어 하는 아이템입니다.

평소보다 더 얌전하고 착한 아이로 보이나 봐요.

	점퍼스커트	티셔츠	레깅스	신발	토트백
만드는 법	B05 p.43	F15 p.53	SU9 p.67	U52 p.68	69 p.73

가을의 캐주얼 스타일

지금부터 안나와 함께 파리 시내를 돌아다니면서 쇼핑.
튈(tulle) 스커트를 캐주얼하게 입은 것이 포인트예요.
안나는 어떤 패션으로 나타날지 궁금하네요!

	티셔츠	스커트	재킷	양말	신발	숄더백
만드는 법	F13 p.52	K26 p.59	Q37 p.65	R47 p.67	Y58 p.70	68 p.72

소매산에 턱 주름을 잡아 볼륨감을
주었습니다. 치마도 2단으로 이루어진
티어드 스커트로 만들어
사랑스러운 소녀의 느낌을
한껏 살린 원피스입니다.

걸스밴드 결성!

학교 축제 때 공연하려고 안나와 밴드를 급결성♪
'멋있고 귀엽게' 연출하기 위해 패션에도 신경을 썼습니다.
미니스커트로 귀엽게, 재킷과 스니커즈로 멋있게.
아, 물론 연주 실력이 제일 중요하겠죠!
이날을 위해 둘이서 맹훈련을 했어요.

★ Nina ★

	티셔츠	스커트	재킷	양말	신발	헤어밴드
만드는 법	H22 p.56	M29 p.62	Q36 p.66	R42 p.67	Y58 p.70	73 p.75

★ Anna ★

	티셔츠	스커트	재킷	양말	신발	모자
만드는 법	F12 p.52	L27 p.60	Q35 p.65	R41 p.67	Y59 p.70	61 p.71

25

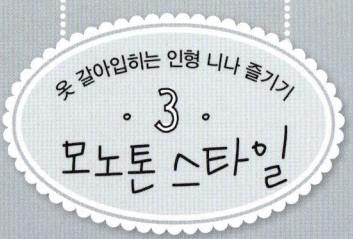

옷 갈아입히는 인형 니나 즐기기
·3·
모노톤 스타일

약간 어른스럽게 모노톤(단일 색조)으로 통일한
시크한 느낌의 코디에 도전해 봤어요.
캐주얼한 아이템이라도 색상을 같은 계열로 통일하면
한 단계 높은 파리지앵다운 멋쟁이로 변신.

	원피스	볼레로
만드는 법	B06 p.45	P34 p.64

만드는 법	티셔츠	스커트
	H22 p.56	K26 p.59
	레깅스	목걸이
	S48 p.67	76 p.74

만드는 법	티셔츠	팬츠	볼레로
	F15 p.53	N31 p.63	P33 p.64
	신발	모자	핸드백	목걸이
	J50 p.68	62 p.71	63 p.71	75 p.74

만드는 법	튜닉	티셔츠	레깅스
	A02 p.41	F12 p.52	S49 p.67

니나의 겨울 패션

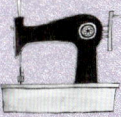

Hiver

이상한 나라의 앨리스

내가 제일 좋아하는 책《이상한 나라의 앨리스》에
나오는 드레스를 엄마가 만들어 줬어요.
오늘 하루는 앨리스가 되어 보기로 했습니다.
이상한 나라에서 재미있는 체험을 할 수 있을까요?

	앞치마 달린 원피스	양말	신발	리본 핀	토끼
만드는 법	D09 p.49, p.76	R46 p.67	Q35 p.76	79 p.78	80 p.78

니나와 안나의 원피스는 새틴(sateen)이나
벨로아(velour)와 같은 광택이 있는 소재를
사용해 화려하게 만들었어요.
안나의 볼레로는 플리스(fleece) 소재이지만,
퍼 소재로 보입니다.
헤어 액세서리에도 신경을 써서
한층 더 멋있게.

★ Nina ★

	원피스	볼레로	레깅스	신발	핸드백	헤어 밴드
만드는 법	B06 p.45	P33 p.64	S48 p.67	X57 p.69	63 p.71	72 p.74

크리스마스 파티

오늘은 안나와 한층 더 예쁘게 꾸며 파티에 가요.
평소에는 잘 안 입는 레이스 소재의 옷은
조금은 어른이 된 것 같아 두근두근 설렙니다.

겨울의 외출

오늘의 이 차림새로 갈 곳은 스케이트장! 활동성과 추위에 대응하여,
핸드백도 크로스 타입을 골라 만반의 준비를 마쳤습니다!
윗옷은 겹쳐 입은 것처럼 보이지만 한 장으로 이루어진 아이템이에요.

티셔츠	팬츠	양말	신발	모자	숄더백
H23 p.56	N30 p.63	R43 p.67	Y59 p.70	61 p.71	70 p.73

핸드백과 양말 이외의 소재는
모두 니트 원단입니다.
입지 않는 니트 등을
리폼해 보는 것도 좋아요.
원단 가장자리 처리는 굳이
하지 않아도 괜찮습니다.

·4·
캐주얼 스타일

마지막은 캐주얼 스타일입니다.
매일 갈아입혀서 함께 외출하고 싶어지죠.

| 만드는 법 | 원피스
A01
p.40 | 팬츠
N31
p.63 | 재킷
Q37
p.66 |

| 만드는 법 | 티셔츠
H23
p.56 | 스커트
L27
p.60 | 양말
R47
p.67 |

| 만드는 법 | 티셔츠
F14
p.52 | 팬츠
J25
p.58 |
| | 재킷
Q36
p.66 | 양말
R41
p.67 |

| 만드는 법 | 점퍼스커트
B05
p.43 | 티셔츠
F13
p.52 |
| | 카디건
F18
p.53 | 양말
R47
p.67 | 부츠
Z60
p.70 |

니나 인형과 니나의 옷을 만들어 볼까요!

니나와 니나의 옷을 만드는 기본 방법에 관해서 설명합니다.
사진으로 설명해서 이해하기 쉬울 거예요.
꼭 마스터하여 자기만의 니나를 만들어 보세요.

동영상 강의 ▶

이 책에서 필요한 도구와 재료

도구
*손바늘 *자수바늘 *시침핀
*털실바늘 *재단가위 *실 자르기용 가위
*자 *줄자 *표시 펜
*재봉틀(손바느질로도 만들 수 있습니다)

재료
*손바느질용 실 *재봉틀용 실 *25번 자수실
*접착심지 등

이 책에서 사용하는 주요 원단

코튼

니트 원단

레이스 원단

합성피혁

니나의 옷이나 소품을 만들 때 보통의
면 소재를 사용하건 니트 원단을 사용하건
실과 바늘은 바꾸지 않아도 됩니다.
합성피혁은 25번 자수실이나 손바느질용

시접 포함 패턴의 사용방법

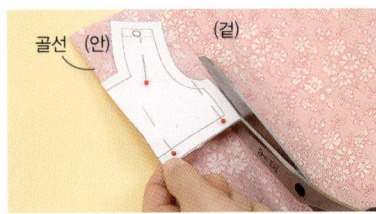

골선 (안) (겉)

1 이 책의 패턴에는 시접이 포함되어 있으므로 패턴의 윤곽을 따라 원단을 재단합니다. 패턴이 반쪽짜리로 되어 있는 경우는 겉끼리 맞대어 접은 원단과 패턴의 '골선' 위치를 맞춥니다.

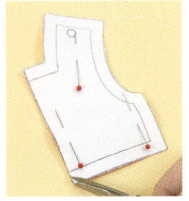

2 맞춤표시를 넣어줍니다. 다른 파트와 맞출 때의 기준점이 되므로 이 책에서는 0.2~0.3cm 길이로 비스듬히 가위 집을 내줍니다.

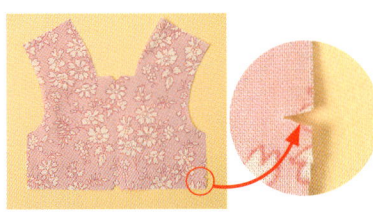

3 패턴을 치우고 원단을 펴줍니다. 가위 집 낸 위치가 V자형으로 되어 있습니다.

0.7cm

4 실제로 바느질할 선(완성선)을 표시할 때는 시접의 폭과 같은 크기의 엽서 두께 정도의 종이를 사용하는 방법을 추천합니다. 사진은 0.7cm 폭으로 자른 두꺼운 종이로 이것을 원단 가장자리에 맞춰 선을 그으면 완성선이 쉽게 그려집니다.

5 곡선 부분도 원단 가장자리를 따라 두꺼운 종이를 살짝 움직이면서 그어주면 완성선이 깔끔하게 그려집니다.

니나 만드는 방법 (재료와 패턴은 81쪽. 설명을 위한 사진에서는 알기 쉽도록 눈에 띄는 색의 실과 표시 펜을 사용했습니다.)

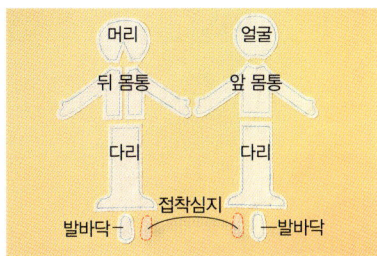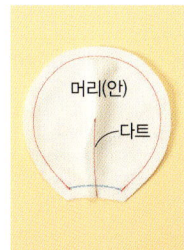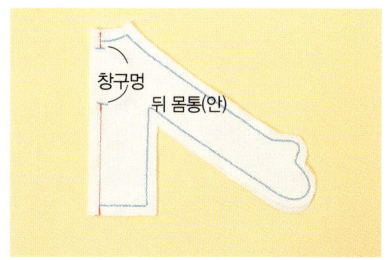

1 모든 파트를 시접 포함 패턴을 사용해서 재단한 상태. 발바닥은 완성선에 맞춰 접착심지도 재단합니다. 다리와 발바닥은 각 2장, 뒤 몸판은 좌우 대칭으로 각 1장을 재단해 주세요.

2 머리의 다트를 꿰맨 후 머리와 얼굴 부분을 겉끼리 맞대어 바느질합니다. 시접을 0.5cm 길이에 맞춰 잘라 목 부분에서 겉으로 뒤집습니다.

3 뒤 몸통 2장을 겉끼리 맞대어 등 중심을 창구멍을 남겨 놓고 바느질합니다.

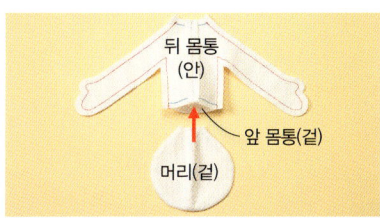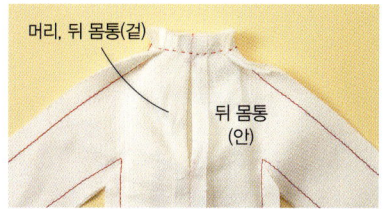

4 3을 펼쳐서 시접을 가름솔 처리합니다. 앞 몸통과 겉끼리 맞대어 바느질합니다. 목과 허리는 꿰매지 않습니다.

5 몸통의 허리 부분을 통해 머리 부분을 집어넣습니다. 몸통의 뒤쪽과 다트를 넣은 머리 쪽이 같은 방향을 향하도록 넣어주세요.

6 머리를 목 위치까지 가져왔다면 머리와 몸통을 쭉 꿰매줍니다. 이때 앞쪽과 반대쪽을 꿰매서 막아버리지 않도록 주의하세요.

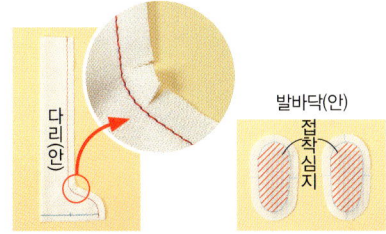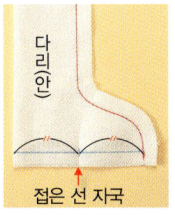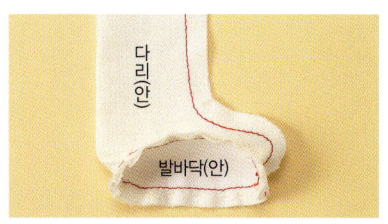

7 다리를 겉끼리 맞대어 접고 꿰맵니다. 연결부위와 바닥은 꿰매지 않습니다. 발목의 오목 들어간 부분에는 겉으로 뒤집었을 때 천이 울지 않도록 0.5cm 정도 가위집을 넣어주세요. 발바닥에는 접착심지를 붙입니다.

8 7의 다리 중앙에 접은 선 자국이 생기도록 하여 접은 선 자국과 발바닥의 맞춤표시를 맞춰 시침핀을 꽂은 후 완성선에서 살짝 바깥쪽을 시침질합니다.

9 완성선을 따라 바느질합니다.

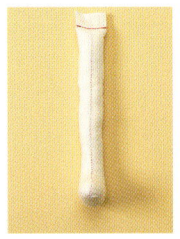

10 완성선까지 솜을 채워 넣은 후 꿰맵니다. 이것을 하나 더 만들어 주세요. 뒤 몸통 중심의 창구멍을 통해 사진처럼 한쪽 다리를 넣어 시침핀으로 고정합니다. 발끝이 반대쪽을 향하도록 합니다.

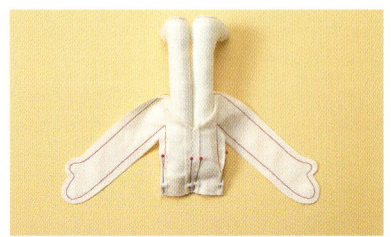

11 다른 한쪽 다리도 마찬가지로 창구멍을 통해 몸통 안으로 넣어 시침핀으로 고정합니다.

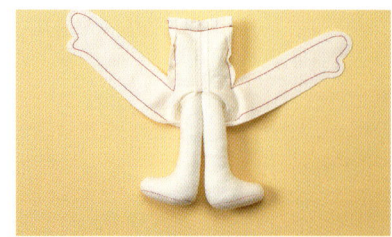

12 완성선을 따라 바느질한 후 창구멍을 통해 겉으로 뒤집어주세요. 머리는 목 부분에서 잡아당겨 빼냅니다.

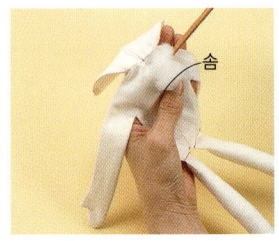

13 창구멍을 통해 겉으로 뒤집은 후 솜을 채워 넣는데, 먼저 손끝에서부터 조금씩 넣어 주세요.

14 나무젓가락 등을 사용해 손가락 끝까지 확실하게 솜이 들어가도록 밀어 넣습니다.

15 손끝을 다 채운 후에는 몸통과 머리에 솜을 채워줍니다. 빵빵하게 넣어 주세요. 다 채우면 창구멍을 막습니다.

니나의 머리카락 만드는 방법(안나의 머리카락 만드는 법은 79쪽)

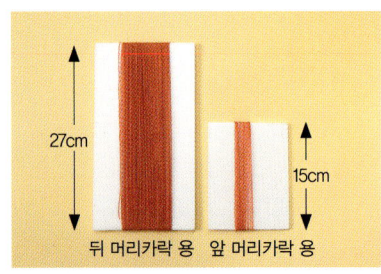

1 두꺼운 종이(엽서보다 두꺼운 것이 좋다)를 앞 머리카락용과 뒤 머리카락용으로 2장 준비하여 앞 머리카락용은 20회, 뒤 머리카락용은 120회 털실을 감습니다.

2 앞 머리카락부터 만듭니다. 두꺼운 종이에 감은 털실을 종이에서 살짝 빼내어 사진처럼 평평하게 펴줍니다.

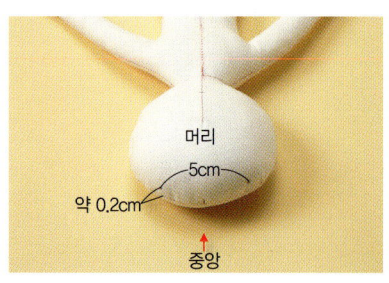

3 앞 머리카락을 꿰매 붙일 위치의 기준점을 사진처럼 표시해주세요.

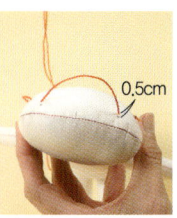

4 별도의 실 30cm 정도를 굵고 긴 바늘에 꿰어 임의의 위치에서 바늘을 집어넣고 3 에서 표시한 기준점에서 0.5cm 더 나간 위치에서 바늘을 빼냅니다. 마찬가지로 대칭 위치에도 바늘을 넣었다 빼면 털실이 일직선(사진 오른쪽)으로 이어지고, 여기에 앞서 준비해 놓은 앞 머리카락의 절반 위치까지 끼워주세요.

5 4에서 일직선으로 이어놓은 털실을 따라 박음질합니다. 사진은 이해하기 쉽도록 검정 실을 사용했지만, 실제로 만들 때는 머리카락과 같은 털실로 바느질합니다. 그런 다음 4의 털실은 제거해주세요.

6 뒤통수 쪽으로 가 있는 머리카락을 5의 바느질선에서 얼굴 쪽으로 되접어 3에서 표시한 점을 연결한 선을 따라 박음질합니다.

7 실이 연결된 아래쪽 부분을 잘라 일정하게 맞춰주세요. 앞 머리카락 길이는 나중에 조절하므로 여기서는 일단 그냥 둡니다.

8 뒤 머리카락용 털실을 두꺼운 종이에서 빼내어 한쪽의 연결된 부분을 잘라 긴 다발로 만든 후 뒤통수 부분에 균등하게 펴줍니다. 뒤쪽은 목 연결 부위에서 2cm 위치(원 안)까지, 앞쪽은 머리와 얼굴의 이음선까지 가려지도록 펴주세요.

9 4와 같은 요령으로 실 한 가닥을 중앙을 가로지르는 형태로 임시 고정한 후 박음질합니다. 그 후 임시 고정한 실은 제거해주세요.

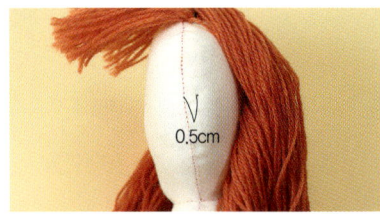

10 머리카락을 두 갈래로 묶습니다. 머리 높이 중앙 부분의 이음선에서 0.5cm 뒤쪽에 표시를 넣어줍니다.

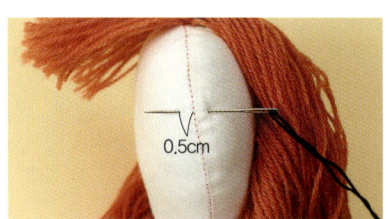

11 1m 정도의 털실을 굵고 긴 바늘에 꿰어 10에서 표시한 위치에서 바늘을 넣고 이음선에서 0.5cm 얼굴 쪽에서 바늘을 빼냅니다. 사진에서는 이해하기 쉽도록 검은 실을 사용했는데, 실제 만들 때는 머리카락과 같은 털실을 사용합니다.

12 11의 실로 두 갈래로 나눈 머리카락을 묶습니다. 묶은 털실은 잘라내지 않고 머리카락 일부로 그냥 둡니다.

니나의 얼굴 자수

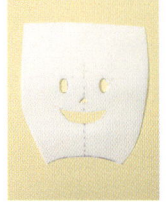  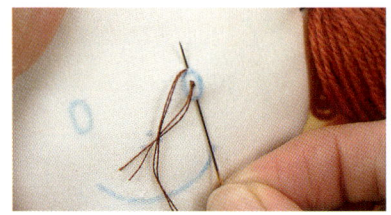 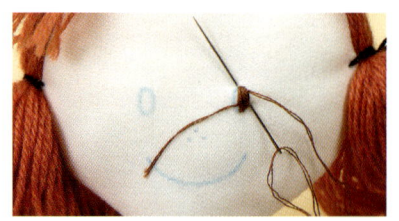

1 도안을 두꺼운 반투명 시트(스텐실 시트를 추천)에 그대로 옮겨 그린 후 눈, 코, 입의 위치를 각각 오려주세요. 그것을 얼굴에 대고 나중에 지워지는 펜으로 얼굴 각 부위를 표시합니다.

2 갈색 자수실 2가닥을 사용해 새틴 스티치로 눈을 수놓습니다. 시작할 때 옭매듭을 하지 않고 중앙에서 박음질합니다. 먼저 중앙에서 오른쪽을 수놓습니다. 새틴 스티치 방법은 80쪽 참조.

3 가장자리까지 수놓기가 끝나면 다시 중앙에서 바늘을 빼내어 처음에 수놓기 시작했던 실을 자르고 나머지 왼쪽 절반을 새틴 스티치로 수놓습니다. 다른 한쪽 눈도 마찬가지로 방법으로 수를 놓아주세요.

4 코를 갈색 자수실로 플라이 스티치 하고, 입을 핑크 자수실로 백 스티치 합니다. 수놓는 방법은 80쪽 참조. 수놓기가 끝나면 앞머리를 눈 바로 위에 맞춰 자릅니다. 이로써 니나가 완성되었습니다. 완성 크기는 약 35cm 입니다.

눈은 펠트를 붙여 만들면 간단

새틴 스티치를 이용해 좌우 같은 크기의 눈을 수놓는 것이 익숙하지 않으면 조금 어려울 수 있습니다. 그럴 때는 눈 크기에 맞춰 자른 펠트를 붙이는 방법도 있습니다. 수예용 접착제를 사용해서 붙이면 간단합니다.

머리카락에 컬을 주려면?

니나의 곱슬곱슬 컬이 들어간 머리카락은 땋았다가 풀어주면 만들어집니다. 머리카락을 빡빡하게 땋아서 잠시 두었다가 스팀다리미로 스팀을 씌워줍니다. 증기가 날아가서 머리카락이 마른 후 풀어주면 사진처럼 예쁜 컬이 완성됩니다.

니나의 옷 만드는 방법 (p.24 점퍼스커트 상세한 만들기 방법은 p.43과 동영상 강의 참고)

★ 몸판 꿰매기
앞 몸판
(안)

앞 몸판
(안)

뒤 몸판
앞 몸판
(겉)

1 앞 몸판 2장을 겉끼리 맞대어 진동둘레, 어깨, 목둘레를 이어서 바느질합니다. 이때 옆선을 꿰매지 않도록 주의하세요. 다 꿰맨 후에는 목둘레 모서리, 진동둘레 곡선 부분에 가위집을 넣고 어깨 양쪽 모서리를 비스듬히 잘라냅니다.

2 시접을 2장 함께 접어서 다리미로 꾹 눌러줍니다. 겉으로 뒤집습니다.

3 뒤 몸판도 마찬가지로 바느질한 후, 앞 몸판과 뒤 몸판을 맞춰줍니다.

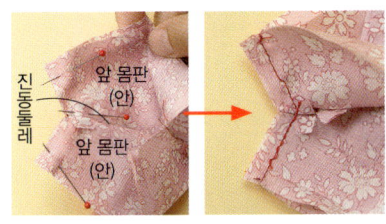

4 앞뒤 몸판을 겉끼리 맞대어 옆선을 벌려 들어 올립니다. 진동둘레 시접을 펴서 시침핀으로 고정한 후 바느질합니다. 여기서는 한쪽 옆선만 꿰맵니다.

진동둘레 / 앞 몸판(안) / 앞 몸판(안)

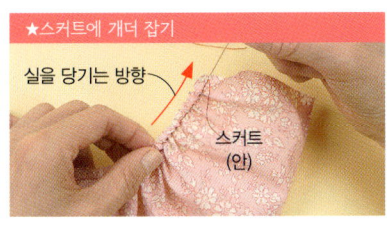

실을 당기는 방향 / 스커트(안)

1 2장의 스커트의 한쪽 옆선을 겉끼리 맞대어 꿰매 붙인 후 허리 완성선에서 약간 위쪽을 꿰맵니다. 양 가장자리는 박음질하지 않습니다. 중앙에서 양 옆선을 향해 밑실을 당깁니다. 사진은 오른쪽 절반을 잡아당기고 있는 모습.

2 왼쪽의 밑실을 당겨 왼쪽 절반에 개더를 잡아줍니다. 실이 끊어지지 않도록 조금씩 조심스럽게 잡아당기세요.

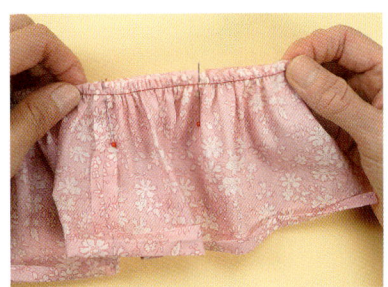

3 몸판을 4에서 꿰맨 옆선에서 벌려 스커트와 겉끼리 맞댑니다. 몸판의 허리 치수에 맞도록 개더를 잡아 상태를 조절한 후 시침핀을 꽂습니다.

스커트(안) / 몸판(안) / 스커트(겉)

1 스커트와 몸판을 겉끼리 맞대어 스커트 쪽에서 바느질합니다. 이때 몸판 한 장은 꿰매지 않도록 비켜 둡니다(사진 아래). 아래 사진은 몸판 쪽에서 본 모습.

이어서 바느질

2 1의 시접을 몸판 쪽으로 눕히고 옆선에서 겉끼리 맞닿도록 접습니다. 한쪽 옆선을 4와 마찬가지로 펴서 겉끼리 맞대어 몸판에서 스커트까지를 이어서 바느질합니다.

스냅단추 凸 凹 / 뒤 몸판 / 앞 몸판

앞 몸판에 凹, 뒤 몸판에 凸을 답니다(p.80쪽 참고). 몸판은 2장 겹쳐져 있으므로 실이 겉쪽으로 드러나지 않도록 꿰매어 바느질선이 겉에서 보이지 않도록 합니다.

합성피혁을 바느질할 때

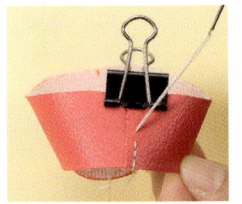
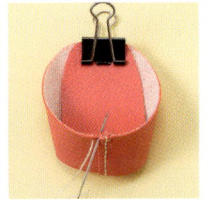

바늘 자국이 남아서 합성피혁에는 시침핀을 사용할 수 없는데, 더블클립으로 고정하면 바느질하기 쉽습니다.

펠트에 표시하기

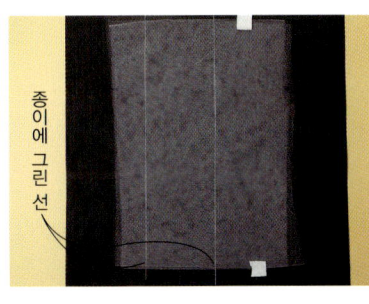

종이에 그린 선

펠트에는 직접 표시할 수 없는데, 재단할 길이에 맞춰 선을 그린 색종이를 깔고 그 위에 펠트를 올려놓으면 선을 따라 손쉽게 치수대로 재단할 수 있습니다. 펠트가 움직이지 않도록 마스킹테이프 등으로 살짝 고정해두면 좋습니다.
펠트는 다리미 사용 불가.

A
01,02

원피스, 튜닉

재료

01 ··· 펠트 베이지 35×20cm,
펠트 흰색 9×9cm,
꽃무늬 프린트, 양면 접착 시트 각 6×7cm,
물결테이프 서문 핑크 0.5cm 폭×20cm,
레이스 광목색 0.8cm 폭×35cm,
펄 비즈 지름 0.4cm×3개,
스냅단추 지름 0.5cm×1쌍

02 ··· 펠트 감색 30×20cm,
펠트 흰색 15×15cm,
코드(끈) 빨간색 0.3cm 폭×40cm,
리본 빨간색 체크 1.5cm 폭 ×15cm,
레이스 광목색 0.8cm 폭×30cm,
스냅단추 지름 0.5cm×2쌍

---

01 원피스

재단도 (실물 크기 패턴은 A면)

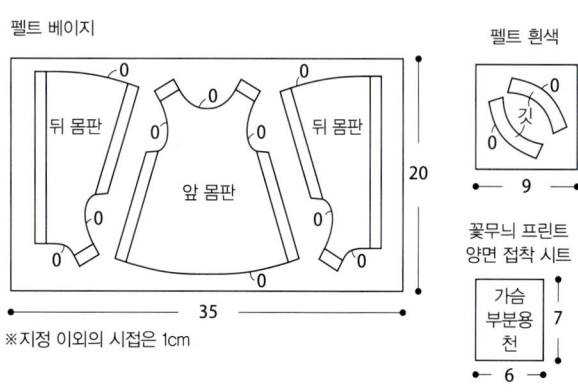

펠트 베이지

뒤 몸판　뒤 몸판
앞 몸판
0　0　0　0
0　0　0　0
35
20

펠트 흰색
깃
9
9
0

꽃무늬 프린트
양면 접착 시트
가슴
부분용
천
7
6

※지정 이외의 시접은 1cm

1 앞뒤 몸판을 겉끼리 맞대어 어깨선 꿰매기

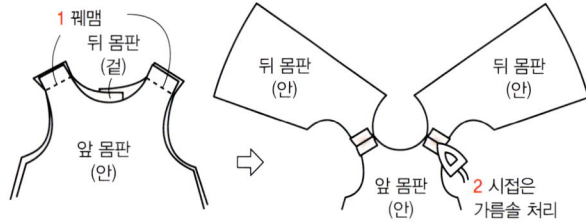

1 꿰맴
뒤 몸판 (겉)
앞 몸판 (안)

뒤 몸판 (안)　뒤 몸판 (안)
앞 몸판 (안)
2 시접은 가름솔 처리

2 꽃무늬 프린트 안면에 양면 접착 시트를 붙이고, 가슴 부분용 천을 재단하기

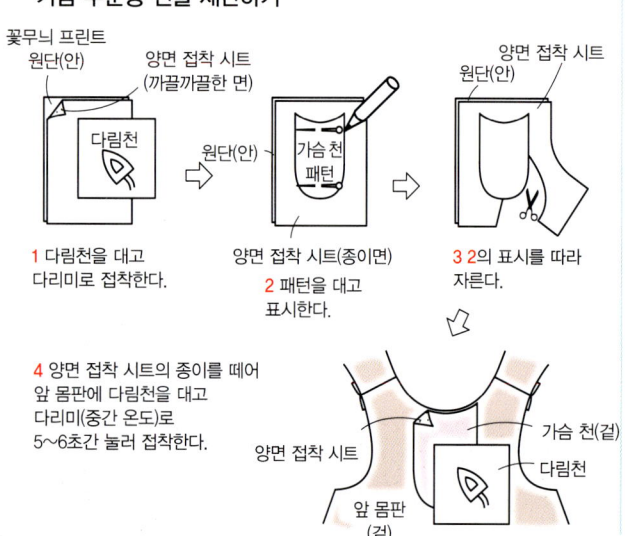

꽃무늬 프린트 원단(안)
양면 접착 시트 (까끌까끌한 면)
다림천

원단(안)
가슴 천 패턴
양면 접착 시트(종이면)

양면 접착 시트 원단(안)

1 다림천을 대고 다리미로 접착한다.
2 패턴을 대고 표시한다.
3 2의 표시를 따라 자른다.

4 양면 접착 시트의 종이를 떼어 앞 몸판에 다림천을 대고 다리미(중간 온도)로 5~6초간 눌러 접착한다.

양면 접착 시트
가슴 천(겉)
다림천
앞 몸판 (겉)

3 가슴 천에 물결테이프 붙이기

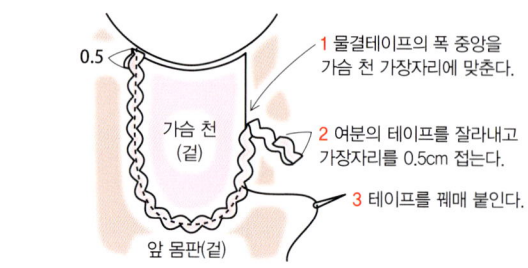

0.5
가슴 천 (겉)
앞 몸판(겉)

1 물결테이프의 폭 중앙을 가슴 천 가장자리에 맞춘다.
2 여분의 테이프를 잘라내고 가장자리를 0.5cm 접는다.
3 테이프를 꿰매 붙인다.

4 깃 달기

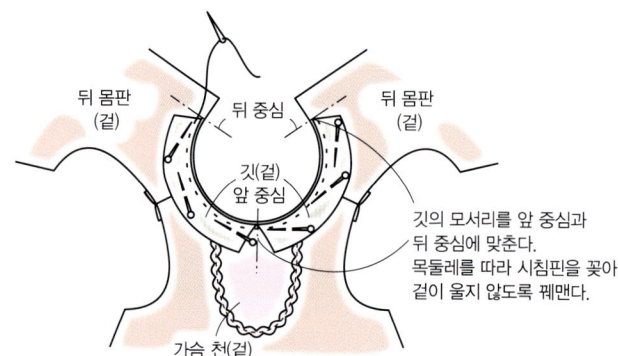

뒤 몸판 (겉)　뒤 중심　뒤 몸판 (겉)
깃(겉)
앞 중심
가슴 천(겉)

깃의 모서리를 앞 중심과 뒤 중심에 맞춘다.
목둘레를 따라 시침핀을 꽂아 겉이 울지 않도록 꿰맨다.

5 펄 비즈 달기

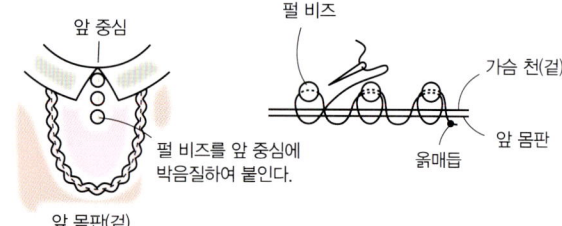

앞 중심
앞 몸판(겉)

펄 비즈를 앞 중심에 박음질하여 붙인다.

펄 비즈
가슴 천(겉)
앞 몸판
옭매듭

6 앞 몸판의 옆선을 겉끼리 맞대어 꿰매기

※시접은 가름솔 처리

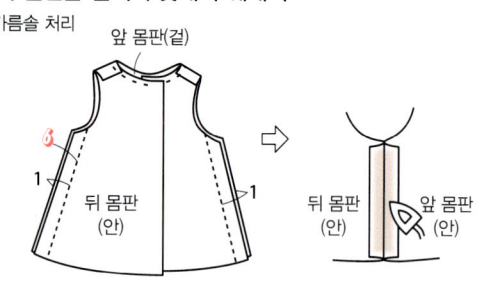

앞 몸판(겉)
뒤 몸판 (안)
6
1　1

뒤 몸판 (안)　앞 몸판 (안)

7 밑단에 레이스 달기

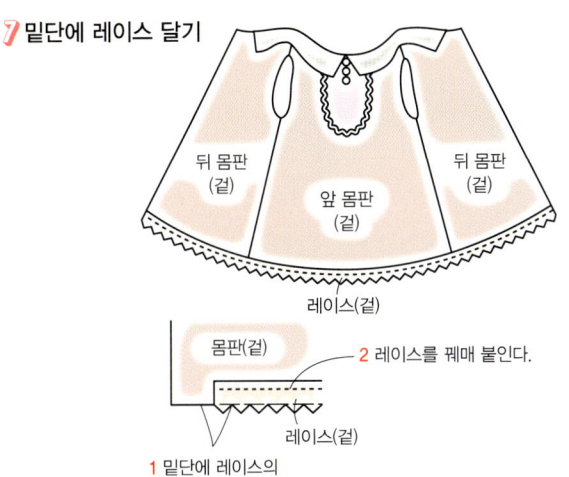

뒤 몸판
(겉)

앞 몸판
(겉)

뒤 몸판
(겉)

레이스(겉)

몸판(겉)

2 레이스를 꿰매 붙인다.

레이스(겉)

1 밑단에 레이스의
오목한 부분을 맞춘다.

8 뒤 중심 꿰매기

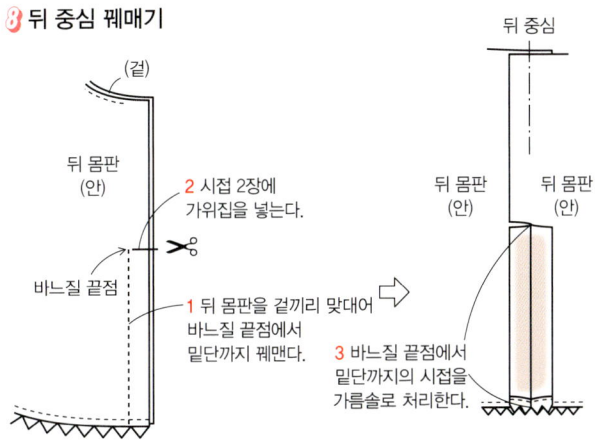

(겉)

뒤 중심

뒤 몸판
(안)

2 시접 2장에
가위집을 넣는다.

바느질 끝점

1 뒤 몸판을 겉끼리 맞대어
바느질 끝점에서
밑단까지 꿰맨다.

뒤 몸판
(안)

뒤 몸판
(안)

3 바느질 끝점에서
밑단까지의 시접을
가름솔로 처리한다.

9 바느질 끝점 꿰매기

뒤 중심

겉에서
스테이 스티칭

0.2

바느질 끝점

뒤 중심

뒤 몸판
(겉)

스냅단추 凸

10 뒤쪽에
스냅단추 달기

02 튜닉

재단도(실물 크기 패턴은 A면)

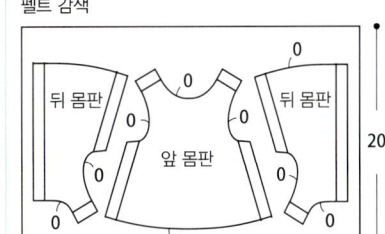

펠트 감색

뒤 몸판

앞 몸판

뒤 몸판

0 0 0 0 0 0 0

20

30

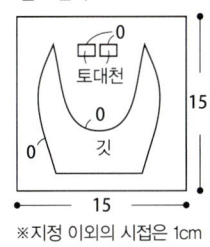

펠트 흰색

0

토대천

0

깃

0

15

15

※지정 이외의 시접은 1cm

1 p.40 01 1, 6 ~ 10과 같다.

2 깃에 코드(끈)를 달아
코드 중앙을 꿰매기

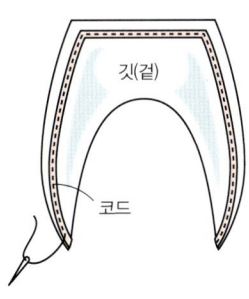

깃(겉)

코드

3 깃 끝에 토대천을 달아 붙이기

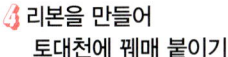

깃(겉)

토대천
(겉)

깃 끝의
겉쪽에 단다.

깃 끝의
안쪽에 단다.

5 토대에 스냅단추 달기

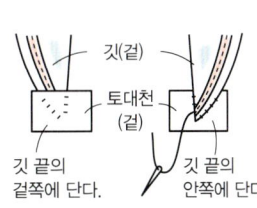

토대천(안)

스냅단추凹

4 리본을 만들어
토대천에 꿰매 붙이기

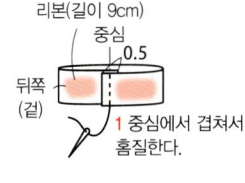

리본(길이 9cm)

중심

0.5

뒤쪽
(겉)

1 중심에서 겹쳐서
홈질한다.

앞쪽
(겉)

2 실을 당겨서
줄인 후 중심에
감아서 고정한다.

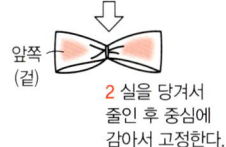

리본(길이 3.5cm)

3 세 겹으로
접는다.

0.5

(겉)

뒤쪽

0.5

4 중심에 감아서
감침질한다.

깃(겉)

겉쪽

5 토대천에
꿰매 붙인다.

토대천
(겉)

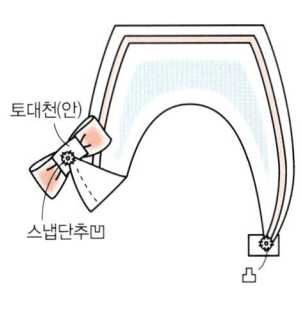

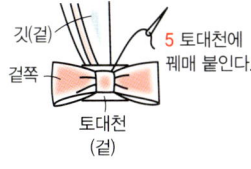

B
03,04

원피스

재료

03 … 꽃무늬 프린트 55×30cm,
레이스 광목색 1.6cm 폭×8cm,
그로그랭 리본 노란색 1cm 폭×35cm,
주황색 0.5cm 폭×50cm,
스냅단추 지름 0.5cm×2쌍

04 …꽃무늬 프린트 55×35cm,
티롤리언 테이프 1cm 폭×20cm,
물결테이프 노란색 0.7cm 폭×45cm,
스냅단추 지름 0.5cm×2쌍

03   04

---

03 원피스

재단도 (실물 크기 패턴은 A면)

꽃무늬 프린트   ※지정 이외 시접은 0.7cm

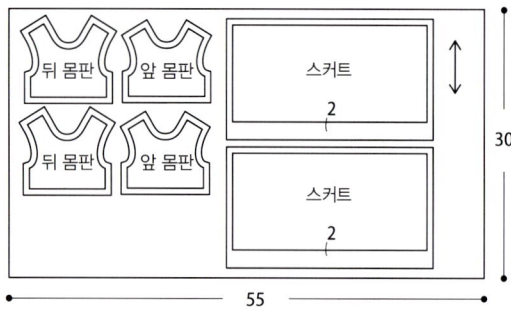

뒤 몸판 / 앞 몸판 / 스커트 2
뒤 몸판 / 앞 몸판 / 스커트 2

30
55

1 p.43 05 1~6과 같다.

2 레이스와 리본 달기

앞 중심
접음
1 앞 몸판에
레이스를
꿰매 붙인다.
앞(겉)

2 리본(1cm 폭)을 앞 중심에서
감아 붙인 후 이음선에 아래
가장자리를 맞춰 감친다.
앞(겉)
1
1 앞 중심에서 겹침

⬇
가장자리를 맞춤

3 리본을 만들어 앞 중심에 꿰매 붙인다.
(리본 만드는 방법은 p.46 07 4)

4 밑단에 리본(0.5cm 폭)을
꿰매 붙인다.

스커트(겉)   옆선
1   1
1
리본 끝부분은
1cm 접어서
시작부분에 겹침

0.5
1

3 스냅단추 달기 (p.44 05 7)

---

04 원피스

재단도 (실물 크기 패턴은 A면)

꽃무늬 프린트   ※지정 이외 시접은 0.7cm

앞 몸판
몸판
스커트 / 스커트
프릴 1
앞 몸판 / 프릴 1

35
55

1 몸판 꿰매기

1 각각 진동둘레, 어깨선, 목둘레를 꿰맨다.

2 가위집을 넣는다.

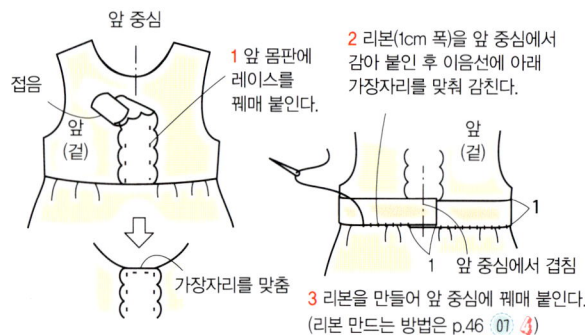

(겉)   (겉)
앞 몸판(안)   뒤 몸판(안)

3 p.43 05 1 3~5와 같다

2 스커트 꿰매기 (p.44 05 2)

3 프릴 만들기

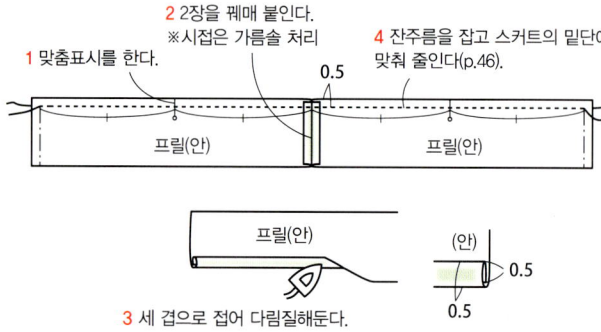

2 2장을 꿰매 붙인다.
※시접은 가름솔 처리
4 잔주름을 잡고 스커트의 밑단에
맞춰 줄인다(p.46).
1 맞춤표시를 한다.
0.5
프릴(안)   프릴(안)

프릴(안)   (안)
0.5
0.5

3 세 겹으로 접어 다림질해둔다.

④ 스커트와 프릴을 꿰매 붙이기

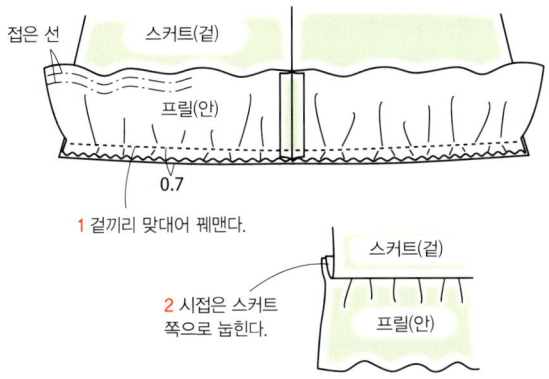

접은 선
스커트(겉)
프릴(안)
0.7

1 겉끼리 맞대어 꿰맨다.

스커트(겉)
프릴(안)

2 시접은 스커트 쪽으로 눕힌다.

⑤ 스커트와 몸판을 꿰매 붙이기 (p.44 ⑤ ③)

⑥ 옆선을 꿰매기 (p.44 ⑤ ④)

⑦ 프릴 밑단 꿰매기

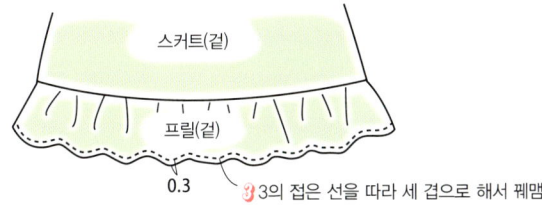

스커트(겉)
프릴(겉)
0.3

③ 3의 접은 선을 따라 세 겹으로 해서 꿰맴

⑧ 티롤리언 테이프와 물결테이프를 꿰매 붙이기

1 이음선에 티롤리언 테이프 아래 가장자리를 맞춰 감친다.

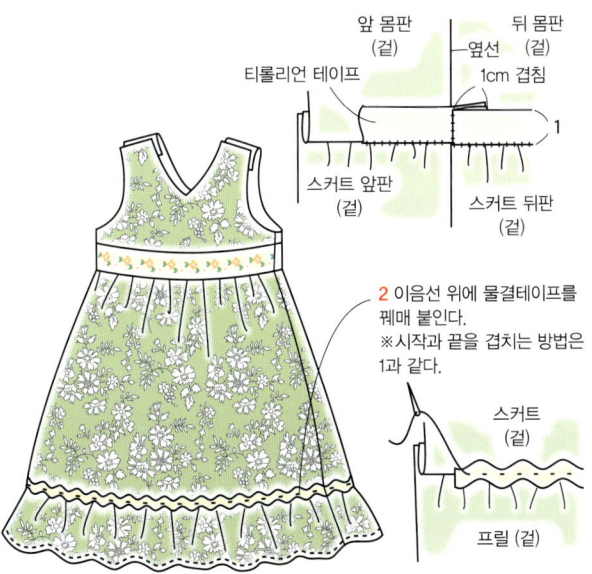

앞 몸판(겉)
뒤 몸판(겉)
티롤리언 테이프
옆선(겉)
1cm 겹침
스커트 앞판(겉)
스커트 뒤판(겉)
1

2 이음선 위에 물결테이프를 꿰매 붙인다.
※시작과 끝을 겹치는 방법은 1과 같다.

스커트(겉)
프릴(겉)

⑨ 스냅단추 달기 (p.44 ⑤ ⑦)

---

p.22, 33

B 05

점퍼스커트

재료
05 … 체크무늬 원단 55×25cm,
스냅단추 지름 0.5cm×2쌍

05

재단도 (실물 크기 패턴은 A면)

체크무늬 원단

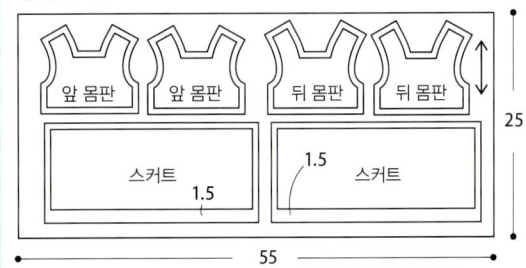

앞 몸판
앞 몸판
뒤 몸판
뒤 몸판
25
스커트 1.5
1.5 스커트
55

※지정 이외 시접은 0.7cm

① 몸판 꿰매기

1 앞 몸판끼리, 뒤 몸판끼리 겉을 맞대어 목둘레, 어깨선, 진동둘레를 바느질한다.

2 가위집을 넣는다.

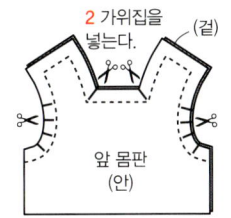

(겉)
앞 몸판(안)

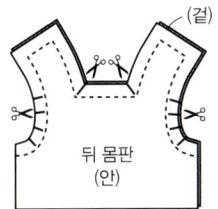

(겉)
뒤 몸판(안)

2 겉으로 뒤집는다.

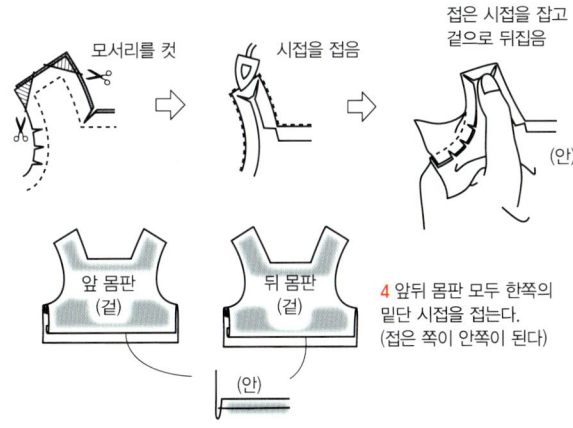

모서리를 컷
시접을 접음
접은 시접을 잡고 겉으로 뒤집음
(안)

앞 몸판(겉)
뒤 몸판(겉)
(안)

4 앞뒤 몸판 모두 한쪽의 밑단 시접을 접는다.
(접은 쪽이 안쪽이 된다)

5 앞뒤 몸판을 그림과 같이 맞춰 안쪽의 몸판을 들어 올려 옆선을 꿰맨다.
※시접은 가름솔 처리

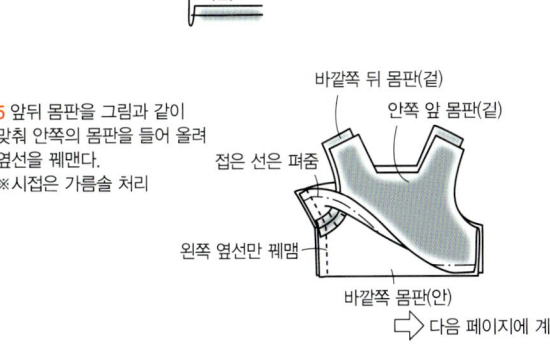

바깥쪽 뒤 몸판(겉)
안쪽 앞 몸판(겉)
접은 선은 펴줌
왼쪽 옆선만 꿰맴
바깥쪽 몸판(안)

⇨ 다음 페이지에 계속

2 스커트 꿰매기

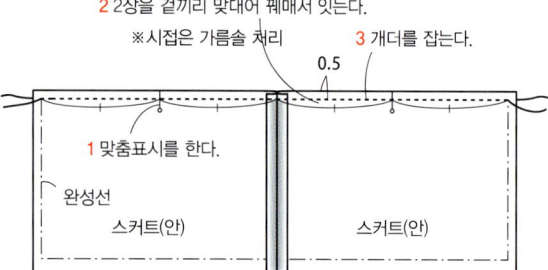

2 2장을 겉끼리 맞대어 꿰매서 잇는다.
※시접은 가름솔 처리
0.5
3 개더를 잡는다.
1 맞춤표시를 한다.
완성선
스커트(안)   스커트(안)

개더 잡는 방법
재봉틀로 박기
조금씩 밑실을 잡아당겨 지정 폭에 맞춰 균등하게 줄인다.
※홈질하여 줄여도 좋다.

4 몸판 폭에 맞춰 줄인다.
스커트(안)

3 스커트와 몸판을 꿰매 붙이기

※맞춤표시를 맞춘다.
※시접은 몸판 쪽으로 눕힌다.

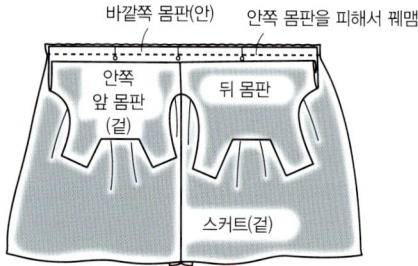

바깥쪽 몸판(안)   안쪽 몸판을 피해서 꿰맴
안쪽 앞 몸판(겉)   뒤 몸판
스커트(겉)

4 옆선 꿰매기

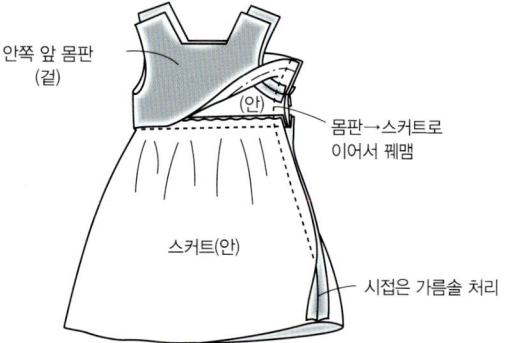

안쪽 앞 몸판(겉)
(안)
몸판→스커트로 이어서 꿰맴
스커트(안)
시접은 가름솔 처리

5 안쪽 몸판을 감쳐 붙이기

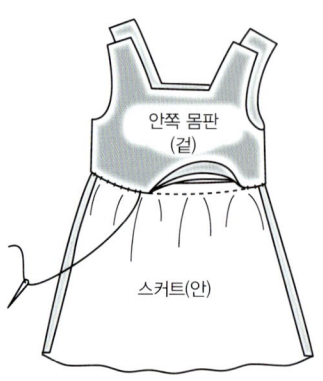

안쪽 몸판(겉)
스커트(안)

6 스커트 밑단 꿰매기

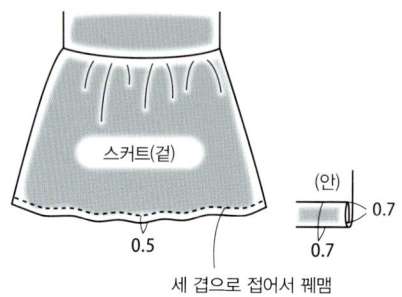

스커트(겉)
0.5
(안)   0.7
0.7
세 겹으로 접어서 꿰맴

7 스냅단추 달기

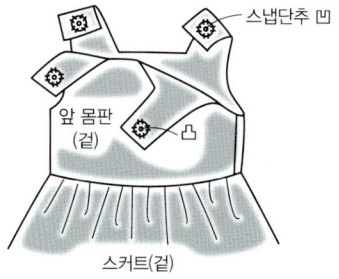

스냅단추 凹
앞 몸판(겉)   凸
스커트(겉)

B 06, 07

원피스

재료

06 ··· 무지 검정 30×25cm,
새틴 회색 45×25cm,
턱 리본 검정 1.5cm 폭×15cm,
새틴 리본 검정 1.5cm 폭×40cm,
펄 비즈 지름 0.3cm×약 20개,
리본 모티프 6개, 스냅단추 지름 0.5cm×2쌍

07 ··· 벨로아 핑크 35×25cm,
무지 핑크 15×25cm,
레이스 광목색 12cm 폭×35cm,
그로그랭 리본 핑크 0.9cm 폭 ×40cm,
스냅단추 지름 0.5cm×2쌍

06 원피스

재단도 (실물 크기 패턴은 A면)

무지

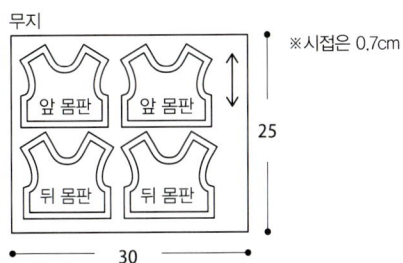

※시접은 0.7cm

앞 몸판 앞 몸판
뒤 몸판 뒤 몸판

25
30

새틴

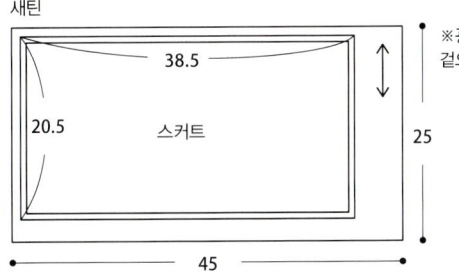

※광택이 없는 면을 겉으로 한다.

38.5
20.5 스커트 25
45

1 몸판 꿰매기

1 각각 진동둘레, 어깨선, 목둘레를 꿰맨다.

2 가위집을 넣는다.

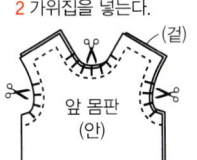
(겉)
앞 몸판 (안)

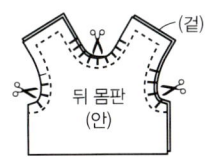
(겉)
뒤 몸판 (안)

3 겉으로 뒤집는다. (p.43 05 1 3)

4 안쪽 몸판이 되는 쪽 시접을 접는다. (p.43 05 1 4)

5 앞뒤 몸판을 그림과 같이 맞춰 안쪽의 몸판을 들어 올려 옆선을 꿰맨다.
※시접은 가름솔 처리

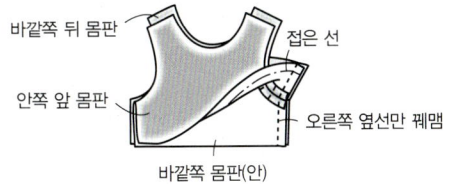
바깥쪽 뒤 몸판
접은 선
안쪽 앞 몸판
오른쪽 옆선만 꿰맴
바깥쪽 몸판(안)

2 스커트에 개더를 잡고 몸판과 꿰매 붙이기

1 위아래에 가위집을 넣어 맞춤표시를 한다. (6곳)

3 개더를 잡고 몸판 폭에 맞춰 줄인다. (p.44)

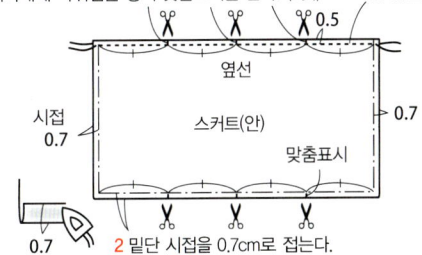
0.5
옆선
시접 0.7
스커트(안) 0.7
맞춤표시
0.7
2 밑단 시접을 0.7cm로 접는다.

4 스커트와 몸판을 꿰매 붙인다. (p.44 05 3)
※시접은 스커트 쪽으로 눕힌다.

5 가장자리를 접어 올려 허리폭에 맞춰 줄이기

3 옆선 꿰매기
안쪽의 뒤 몸판
스커트(안)
시접은 가름솔 처리
0.7
0.3
스커트(안)
5

6 가장자리를 허리 바느질선에 감치기

4 가장자리를 접어서 꿰매 개더 잡기

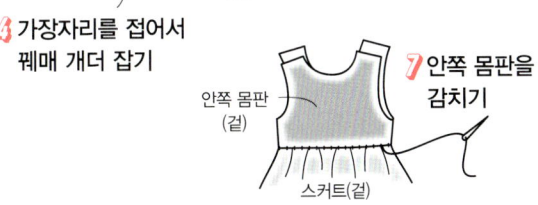
안쪽 몸판 (겉)
스커트(겉)

7 안쪽 몸판을 감치기

8 앞 몸판 목둘레에 턱 리본과 펄 비즈 달기

1 리본의 폭 중심을 꿰매 붙인다.
가장자리를 맞춤

2 펄 비즈를 달 가장자리에서 0.7cm 위치에서 0.4cm 간격으로 4개를 단다. (반대쪽도)

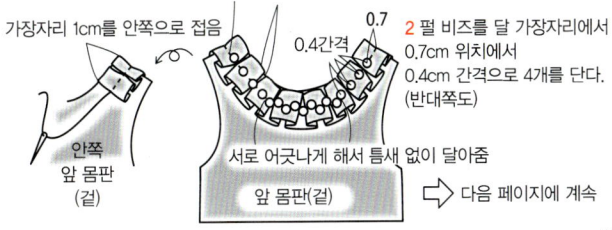
가장자리 1cm를 안쪽으로 접음
0.7
0.4간격
안쪽 앞 몸판 (겉)
서로 어긋나게 해서 틈새 없이 달아줌
앞 몸판(겉)

⇨ 다음 페이지에 계속

9 허리에 새틴 리본 달기

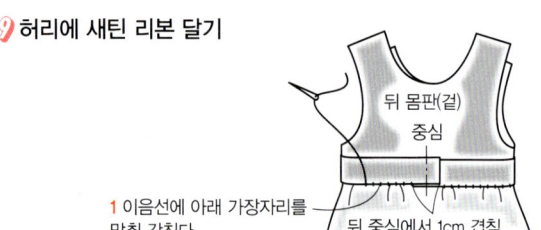

1 이음선에 아래 가장자리를 맞춰 감친다.

뒤 몸판(겉) / 중심 / 뒤 중심에서 1cm 겹침

2 새틴 리본(14cm)을 두 겹으로 해서 꿰매 붙인다.

중심 / 0.5

3 리본 모양을 잡아 단다.

뒤쪽 / 중심 / 1cm 겹침 / 6 / 새틴 리본(3.5cm)을 중앙에 감아서 꿰매 붙임 / 뒤쪽

10 리본 모티프 달기
(앞뒤 6곳)

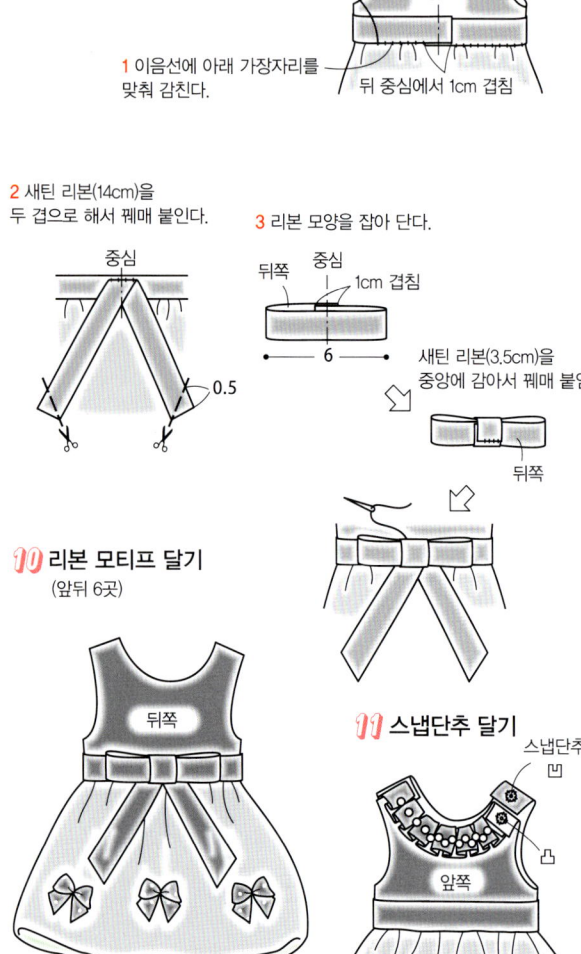

뒤쪽

11 스냅단추 달기

스냅단추 凹 / 앞쪽 / 6 6 / 4

07 원피스

재단도 (실물 크기 패턴은 A면)

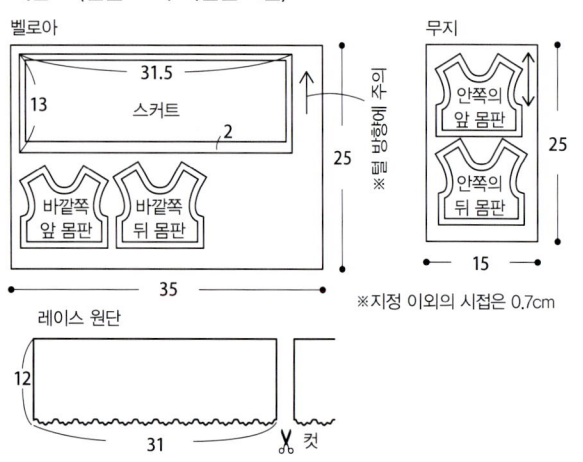

벨로아
31.5
13 스커트 2
25
35
바깥쪽 앞 몸판 바깥쪽 뒤 몸판

무지
안쪽의 앞 몸판
안쪽의 뒤 몸판
25
15

※지정 이외의 시접은 0.7cm

레이스 원단
12
31 컷

---

1 p.43 05 1~5와 같다.

안쪽 몸판(겉) / 스커트(안) / (안) / 1 / 1

2 밑단을 세 겹으로 해서 겉이 울지 않도록 감치기

3 레이스 달기

1 레이스를 겉끼리 두 겹으로 해서 꿰맨다.

2 개더를 잡아 몸판에 맞춰 줄인다. (p.44)

3 겉 몸판 쪽에 꿰매 붙인다.

레이스(안) / 0.7 / 시접은 한쪽으로 눕힘 / 레이스

뒤 몸판 / 1 1 / 레이스(겉) / 이음선을 뒤 중심에 맞춤

4 리본 달기

1 리본을 감아서 꿰매 붙인다.

2 리본을 만든다.

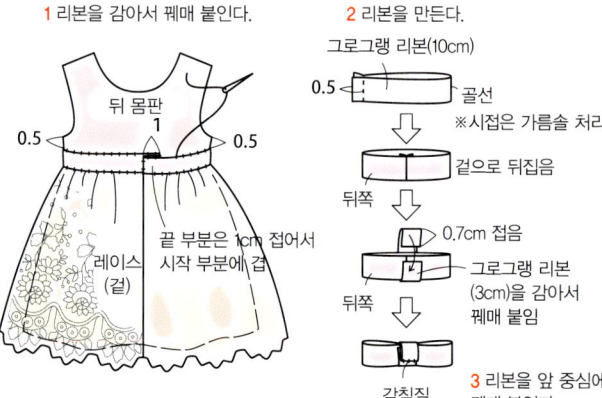

뒤 몸판 / 1 / 0.5 0.5 / 레이스(겉) / 끝 부분은 1cm 접어서 시작 부분에 겹

그로그램 리본(10cm) / 0.5 골선 / ※시접은 가름솔 처리 / 겉으로 뒤집음 / 뒤쪽 / 0.7cm 접음 / 그로그램 리본(3cm)을 감아서 꿰매 붙임 / 뒤쪽

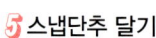

감침질

3 리본을 앞 중심에 꿰매 붙인다.

5 스냅단추 달기

스냅단추凹

C 08

점퍼스커트

재료

08 … 꽃무늬 프린트 60×40cm,
틸 188cm 폭×10cm,
고무테이프 0.6cm 폭×20cm,
펄 비즈 지름 0.5cm×5개
스냅단추 지름 0.5cm×1쌍

08

재단도 (실물 크기 패턴은 A면)

꽃무늬 프린트

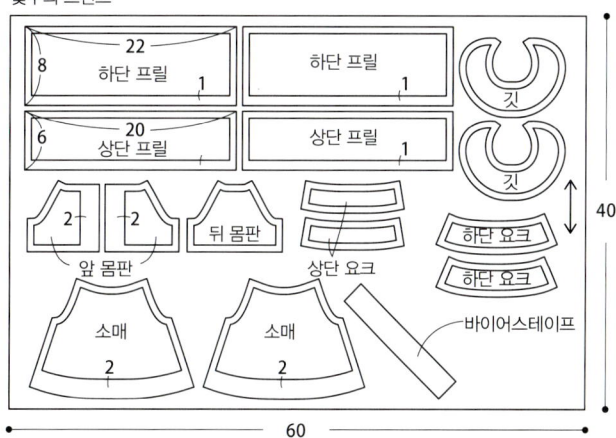

22
8 하단 프릴 1
하단 프릴 1
20
6 상단 프릴 1
상단 프릴 1
깃
깃
2 2 뒤 몸판
앞 몸판 상단 요크
하단 요크
하단 요크
소매 소매 바이어스테이프
2 2
40
60

※지정 이외의 시접은 0.7cm

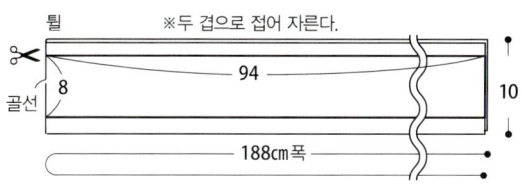

틸 ※두 겹으로 접어 자른다.
골선 8 94 10
188cm폭

1 소맷부리를 세 겹으로 접어서 꿰매기 (p51 ⑩ ①)

2 앞뒤 몸판과 소매를 겉끼리 맞대어 꿰매 붙이기 (p51 ⑩ ②)

3 소매에 개더 잡기 (p.44)

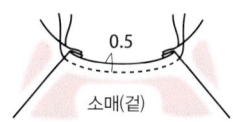

0.5
소매(겉)

3cm로 줄임

소매(안)

소매(겉)

4 소맷부리에 고무테이프를 끼우기

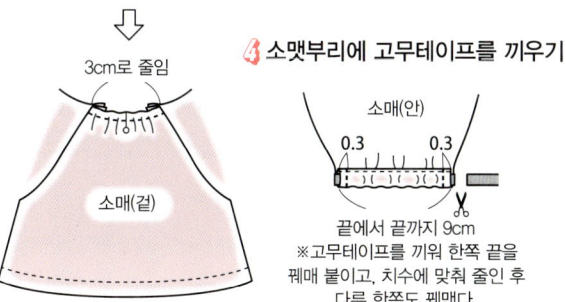

소매(안)
0.3 0.3
끝에서 끝까지 9cm
※고무테이프를 끼워 한쪽 끝을
꿰매 붙이고, 치수에 맞춰 줄인 후
다른 한쪽도 꿰맨다.

---

5 깃 만들기

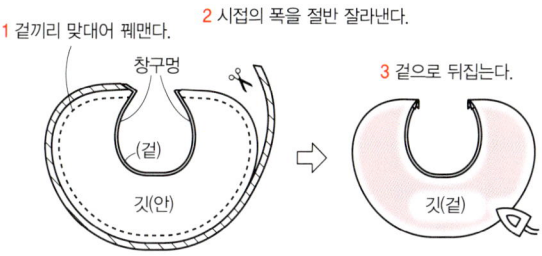

1 겉끼리 맞대어 꿰맨다.
2 시접의 폭을 절반 잘라낸다.
3 겉으로 뒤집는다.
창구멍
(겉)
깃(안)
깃(겉)

6 깃 달기

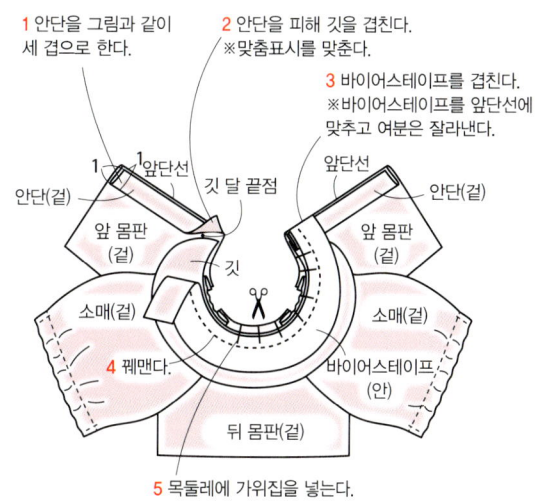

1 안단을 그림과 같이 세 겹으로 한다.
2 안단을 피해 깃을 겹친다. ※맞춤표시를 맞춘다.
3 바이어스테이프를 겹친다. ※바이어스테이프를 앞단선에 맞추고 여분은 잘라낸다.
1 1앞단선 깃 달 끝점 앞단선
안단(겉) 앞 몸판(겉) 깃 앞 몸판(겉) 안단(겉)
소매(겉) 바이어스테이프(안) 소매(겉)
4 꿰맨다. 뒤 몸판(겉)
5 목둘레에 가위집을 넣는다.

6 안단과 바이어스테이프를 겉으로 뒤집는다.

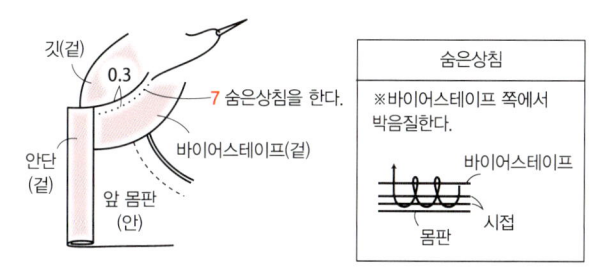

깃(겉)
0.3
안단(겉) 7 숨은상침을 한다.
바이어스테이프(겉)
앞 몸판(안)

숨은상침
※바이어스테이프 쪽에서 박음질한다.
바이어스테이프
몸판 시접

7 소매 아래에서부터 옆선을 이어서 꿰매기 (p.65 ㉟ ⑥)

8 상단, 하단 프릴 만들기

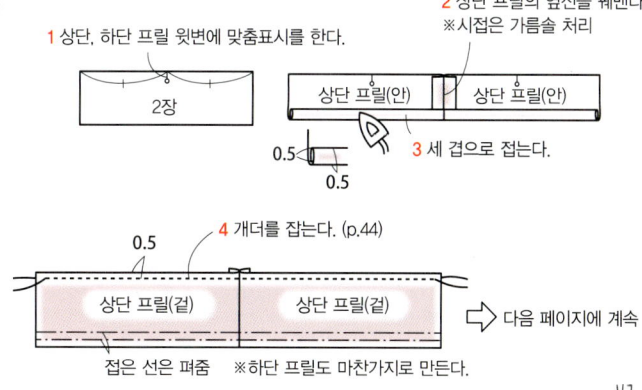

1 상단, 하단 프릴 윗변에 맞춤표시를 한다.
2 상단 프릴의 옆선을 꿰맨다. ※시접은 가름솔 처리
2장
상단 프릴(안) 상단 프릴(안)
0.5 3 세 겹으로 접는다.
0.5

4 개더를 잡는다. (p.44)
0.5
상단 프릴(겉) 상단 프릴(겉)
접은 선은 펴줌 ※하단 프릴도 마찬가지로 만든다.

→ 다음 페이지에 계속

9 하단 요크의 옆선 꿰매기

※시접은 가름솔 처리

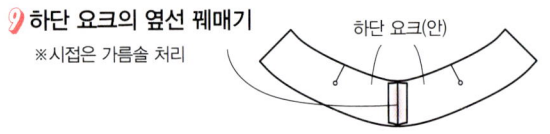

하단 요크(안)

10 하단 프릴 달기

※맞춤표시를 맞춘다.
※시접은 요크 쪽으로 눕힌다.

1 프릴을 요크 아래 가장자리에 맞춰 줄인다.

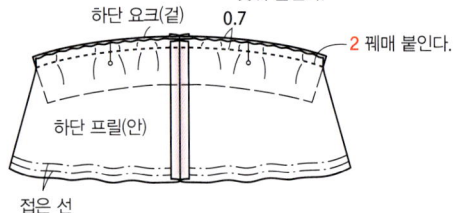

하단 요크(겉)   0.7
2 꿰매 붙인다.
하단 프릴(안)
접은 선

11 상단 프릴 달기

※맞춤표시를 한다.

2 10과 꿰매 붙인다.
※양 가장자리에서 2cm는 꿰매지 않는다.

1 프릴을 요크의 위 가장자리에 맞춰 줄인다.

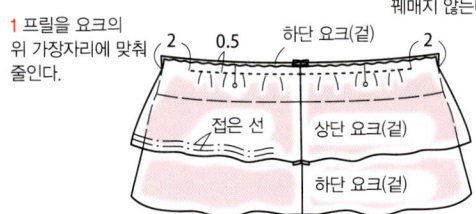

2   0.5   하단 요크(겉)   2
접은 선   상단 요크(겉)
하단 요크(겉)

12 옆선 꿰매기

1 상단 프릴을 피해 요크와 하단 프릴 및 요크의 옆선을 꿰맨다.
※시접은 가름솔 처리

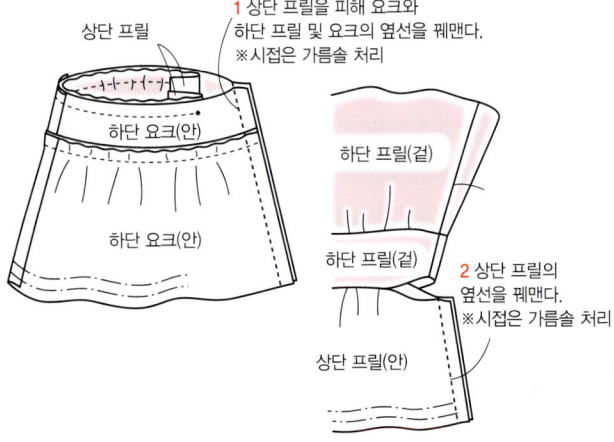

상단 프릴
하단 요크(안)
하단 요크(안)

하단 프릴(겉)
하단 프릴(겉)
2 상단 프릴의 옆선을 꿰맨다.
※시접은 가름솔 처리
상단 프릴(안)

3 11에서 꿰매지 않고 남긴 부분을 꿰맨다.

하단 요크(겉)
상단 프릴(겉)
하단 프릴(겉)

13 상단 요크의 양 옆선 꿰매기

※시접은 가름솔 처리

(겉)
상단 요크(안)
13

14 12와 13을 꿰매 붙이기

※맞춤표시를 맞춘다.
※시접은 상단 요크 쪽으로 눕힌다.

하단 요크(겉)
상단 요크(안)
상단 프릴(겉)
하단 요크(안)

상단 요크(겉)
0.3
0.3

15 프릴의 밑단을 세 겹으로 접어서 꿰매기

16 몸판과 상단 요크를 꿰매 붙이기

1 앞 몸판의 앞 중심을 맞춰 임시 고정한다.

앞 몸판(겉)
앞 중심

상단 요크(안)

2 몸판을 스커트 안에 넣는다.

스커트(안)

3 꿰맨다.
※시접은 요크 쪽으로 눕힌다.

뒤 몸판(안)   상단 요크(안)

17 앞에 스냅단추와 펄 비즈 달기

※펄 비즈 다는 방법은 p.40 01 5

스냅단추凹
펄 비즈

18 틸 달기

1 두 겹으로 하여 위 중심에 시침실로 맞춤표시를 한다.

골선   틸   0.5

2 잔주름을 잡아 요크 폭으로 줄인다.

3 하단 프릴 시접에 틸을 꿰매 붙인다.

상단 요크(안)
하단 요크(안)
옆선
틸

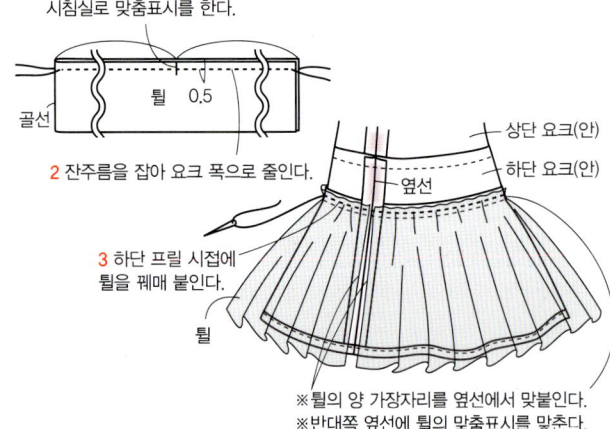

※틸의 양 가장자리를 옆선에서 맞붙인다.
※반대쪽 옆선에 틸의 맞춤표시를 맞춘다.

D
09

앞치마 달린 원피스
09

재료

원피스
체크무늬 원단 25×15cm,
무지 흰색 45×30cm,
무지 파란색 55×35cm,
틸 112cm 폭×35cm,
개더 레이스 1.8cm 폭×70cm,
물결테이프 감색 0.6cm
폭×50cm,
리본 모티프 4개,
하트가 달린 리본 모티프 1개,
고무테이프 0.6cm 폭×30cm,
스냅단추 지름 0.5cm×1쌍

앞치마 만드는 방법은 p.76
무지 흰색 55×30cm,
면 개더 레이스 2cm
폭×60cm,
레이스 1cm 폭×15cm,
스냅단추 지름 0.5cm×1쌍

원피스 재단도 (실물 크기 패턴은 A면)

 체크 원단

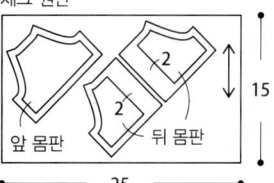

※지정 이외의 시접은 0.7cm

무지 흰색

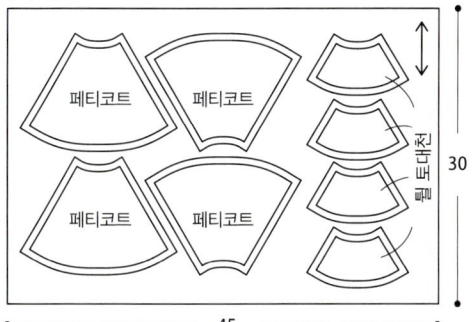

무지 파란색

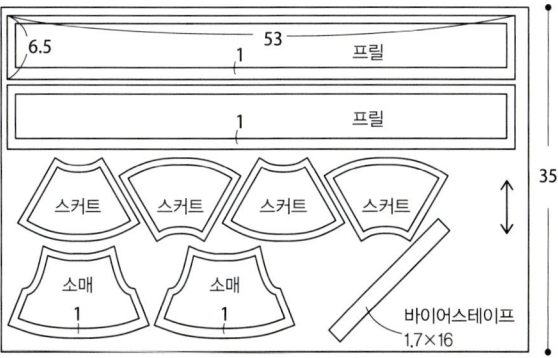

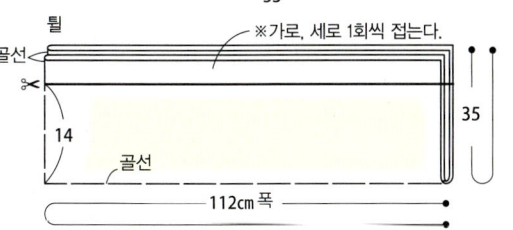

---

1 소매 꿰매기

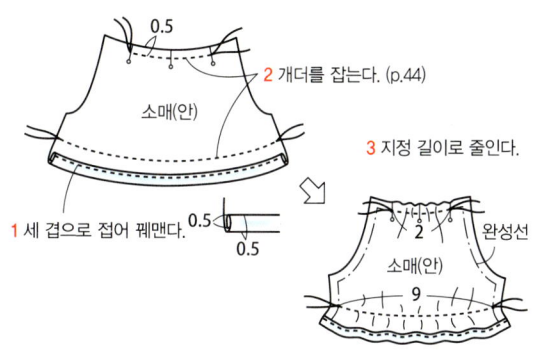

0.5

2 개더를 잡는다. (p.44)

소매(안)

3 지정 길이로 줄인다.

1 세 겹으로 접어 꿰맨다.
0.5
0.5

2 완성선
소매(안)
9

2 몸판과 소매를 꿰매 붙이기 (p.54 19 2)

3 목둘레 처리하기

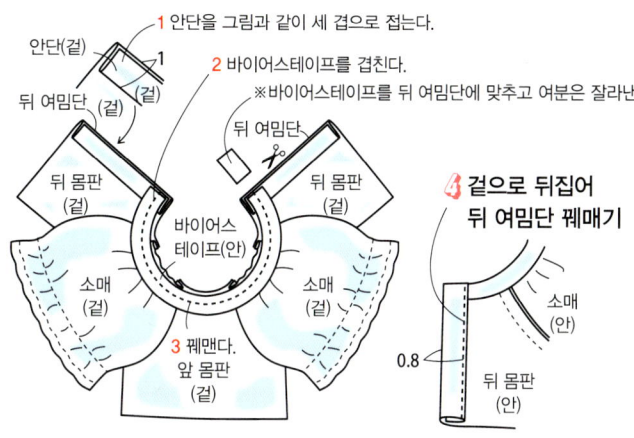

1 안단을 그림과 같이 세 겹으로 접는다.

안단(겉)

뒤 여밈단 (겉)

2 바이어스테이프를 겹친다.
※바이어스테이프를 뒤 여밈단에 맞추고 여분은 잘라낸다.

뒤 여밈단

뒤 몸판
(겉)

뒤 몸판
(겉)

바이어스
테이프(안)

소매
(겉)

소매
(겉)

3 꿰맨다.
앞 몸판
(겉)

4 겉으로 뒤집어
뒤 여밈단 꿰매기

소매
(안)

0.8

뒤 몸판
(안)

5 소매 아래에서부터 옆선을 이어서 꿰매기 (p.55 21 4)

6 틸 꿰매기

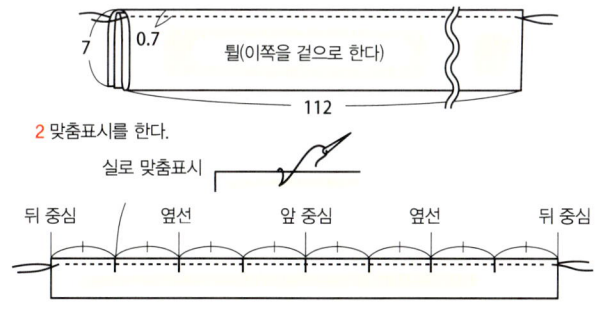

1 틸을 그림과 같이 접어서 꿰맨다.

7 0.7
틸(이쪽을 겉으로 한다)
112

2 맞춤표시를 한다.

실로 맞춤표시

뒤 중심   옆선   앞 중심   옆선   뒤 중심

7 틸 토대 만들기

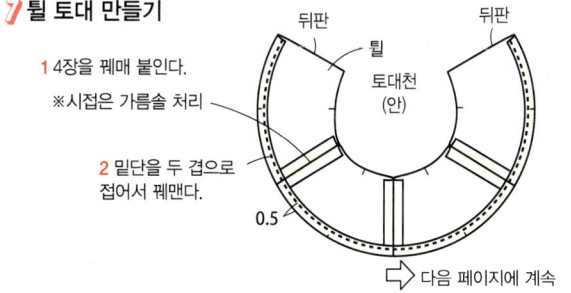

1 4장을 꿰매 붙인다.
※시접은 가름솔 처리

뒤판   뒤판
틸
토대천
(안)

2 밑단을 두 겹으로
접어서 꿰맨다.

0.5

다음 페이지에 계속

3 토대천 밑단 길이에 맞춰 틸에 개더를 잡고, 토대천 밑단에 꿰매 붙인다.
※각각 맞춤표시를 맞춘다.

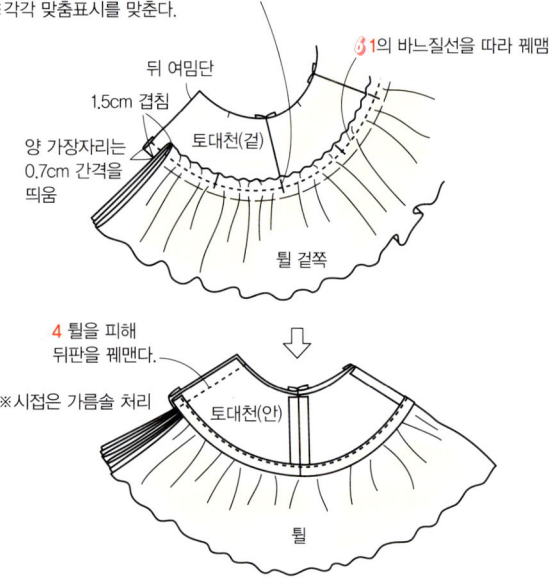

뒤 여밈단
1.5cm 겹침
양 가장자리는 0.7cm 간격을 띄움
토대천(겉)
61의 바느질선을 따라 꿰맴
틸 겉쪽

4 틸을 피해 뒤판을 꿰맨다.
※시접은 가름솔 처리
토대천(안)
틸

8 페티코트 만들기

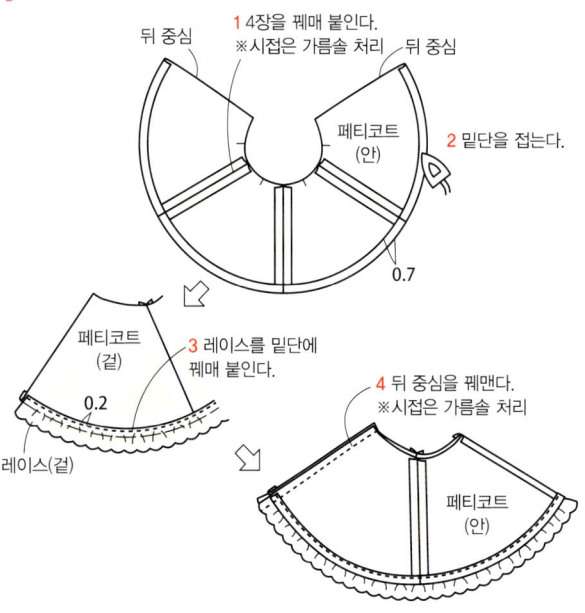

1 4장을 꿰매 붙인다.
※시접은 가름솔 처리
뒤 중심
뒤 중심
페티코트(안)
2 밑단을 접는다.
0.7

페티코트(겉)
0.2
3 레이스를 밑단에 꿰매 붙인다.
레이스(겉)

4 뒤 중심을 꿰맨다.
※시접은 가름솔 처리
페티코트(안)

9 스커트 꿰매기
※4장을 꿰매 붙여서 고리 모양으로 연결하고, 시접은 가름솔 처리한다.
스커트(안)

10 프릴 만들기
1 2장을 맞춰서 양 옆선을 꿰맨다.
※시접은 가름솔 처리
2 각각 중심에 맞춤표시를 한다.
4 잔주름을 잡고 스커트 밑단에 맞춰 줄인다.
앞 중심
옆선
옆선
0.5
옆선 0.7 프릴(안) 뒤 중심
3 세 겹으로 접어서 꿰맨다.
0.5
0.5

11 스커트와 프릴을 꿰매 붙이기
※각각 맞춤표시를 맞춘다.

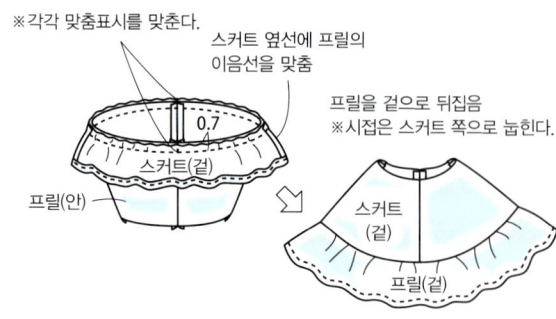

스커트 옆선에 프릴의 이음선을 맞춤
0.7
스커트(겉)
프릴(안)
프릴을 겉으로 뒤집음
※시접은 스커트 쪽으로 눕힌다.
스커트(겉)
프릴(겉)

12 스커트에 물결테이프 달기

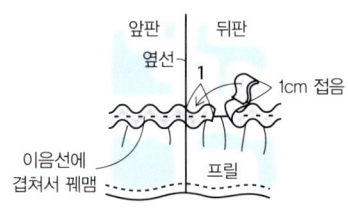

앞판 뒤판
옆선
1
1cm 접음
이음선에 겹쳐서 꿰맴
프릴

13 7, 8, 11을 겹쳐서 몸판과 꿰매 붙이기
1 뒤 몸판의 뒤 중심을 맞춰 임시 고정한다.
앞 몸판(안)
4 꿰맨다.
(안)
뒤 몸판(겉)
0.5
토대천(안)
스커트(안)
페티코트(안)
뒤 중심
3 몸판을 스커트 안에 넣는다.
2 3장을 겹친다.

15 하트가 달린 리본 모티프를 앞 중심에 달기

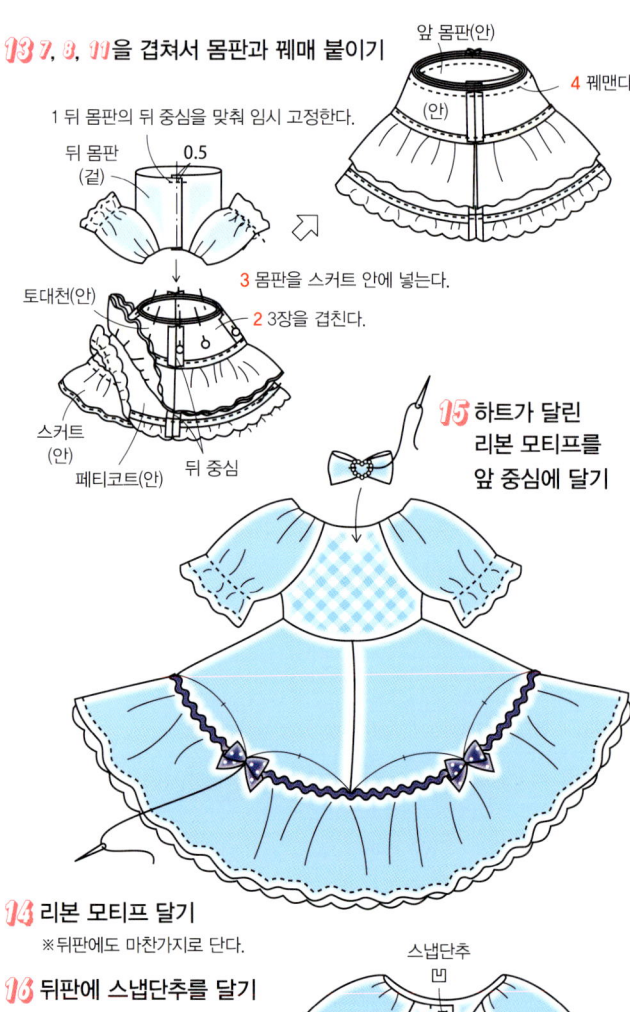

14 리본 모티프 달기
※뒤판에도 마찬가지로 단다.

16 뒤판에 스냅단추를 달기
스냅단추

➡ 앞치마 만드는 법은 p.76

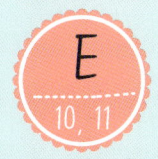

E
10, 11

블라우스, 원피스

재료

10 … 꽃무늬 프린트 55×30cm,
단추 지름 0.7cm×3개,
스냅단추 지름 0.5cm×3쌍

11 … 꽃무늬 프린트 55×30cm,
단추 지름 0.7cm×5개,
스냅단추 지름 0.5cm×5쌍

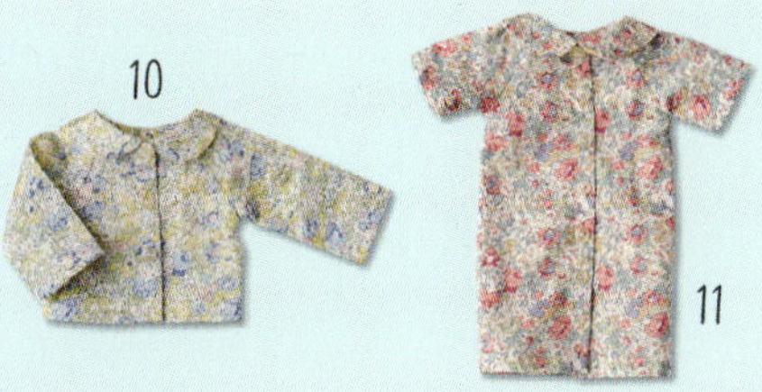
10
11

10 블라우스

재단도(실물 크기 패턴은 A면)

꽃무늬 프린트

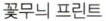

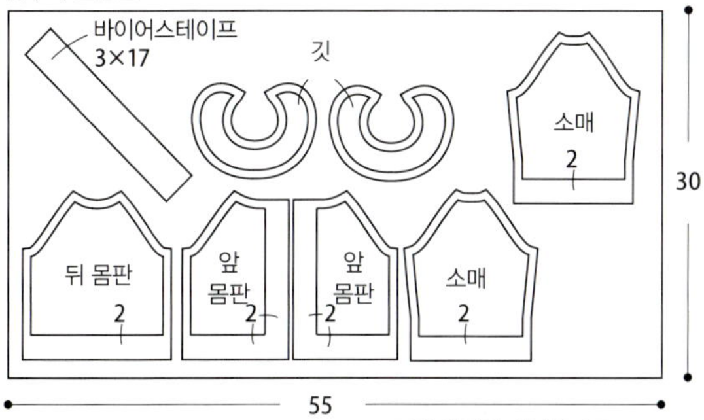
바이어스테이프
3×17
깃
소매
2
뒤 몸판
2
앞
몸판
2
앞
몸판
2
소매
2
30
55

※지정 이외의 시접은 0.7cm

1 소맷부리를 세 겹으로 접어서 꿰매기

2 앞뒤 몸판과 소매를 겉끼리 맞대어 꿰매기

※시접은 소매 쪽으로 눕힌다.

3 소매 아래에서부터 옆선을 이어서 꿰매기

(p.55 21 4)

※시접은 뒤쪽으로 눕힌다.

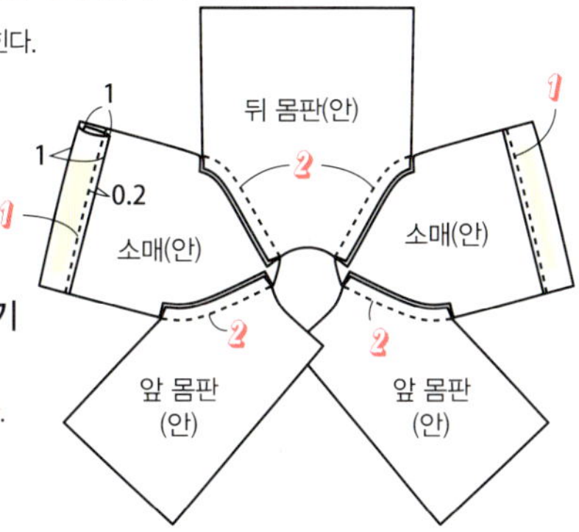
1
1
0.2
1
소매(안)
뒤 몸판(안)
2
소매(안)
1
2
2
앞 몸판
(안)
앞 몸판
(안)

4 단추집덧단을 접기

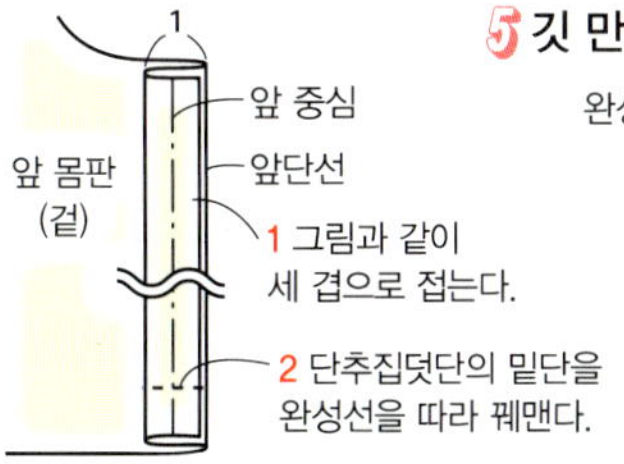
1
앞 중심
앞단선
앞 몸판
(겉)
1 그림과 같이
세 겹으로 접는다.
2 단추집덧단의 밑단을
완성선을 따라 꿰맨다.

5 깃 만들기

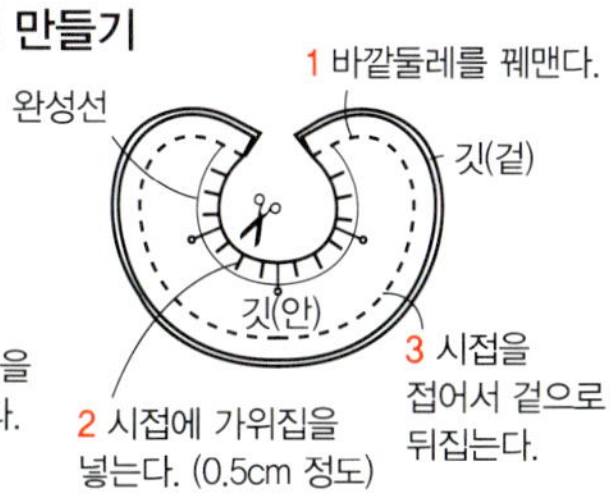
1 바깥둘레를 꿰맨다.
완성선
깃(겉)
깃(안)
2 시접에 가위집을
넣는다. (0.5cm 정도)
3 시접을
접어서 겉으로
뒤집는다.

6 깃 달기

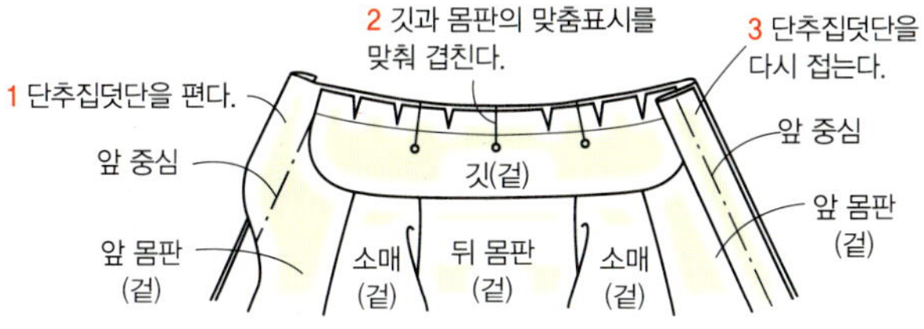
2 깃과 몸판의 맞춤표시를
맞춰 겹친다.
3 단추집덧단을
다시 접는다.
1 단추집덧단을 편다.
앞 중심
앞 중심
깃(겉)
앞 몸판
(겉)
앞 몸판
(겉)
소매
(겉)
뒤 몸판
(겉)
소매
(겉)

4 바이어스테이프를 두 겹으로 접어서 목둘레에 겹치고 여분은 잘라낸다.

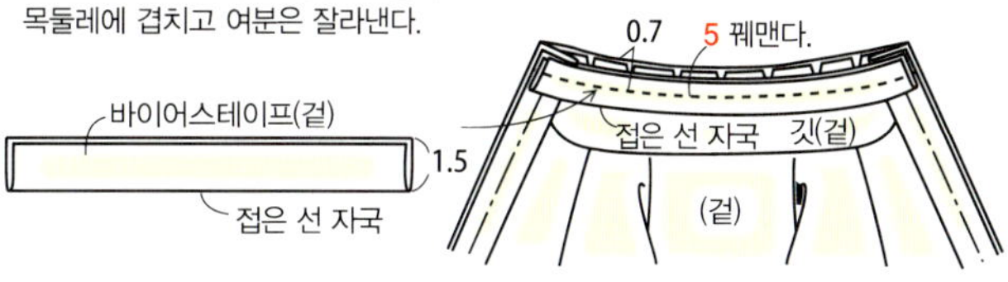
0.7
5 꿰맨다.
바이어스테이프(겉)
1.5
접은 선 자국
접은 선 자국
깃(겉)
(겉)

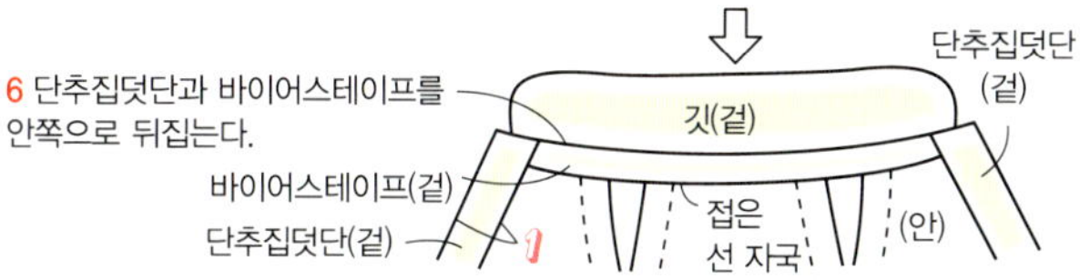
6 단추집덧단과 바이어스테이프를
안쪽으로 뒤집는다.
깃(겉)
단추집덧단
(겉)
바이어스테이프(겉)
단추집덧단(겉)
1
접은
선 자국
(안)

7 밑단을 세 겹으로 접어서 꿰매고, 단추집덧단도 꿰매기

8 앞에 단추를 단 후 스냅단추 달기

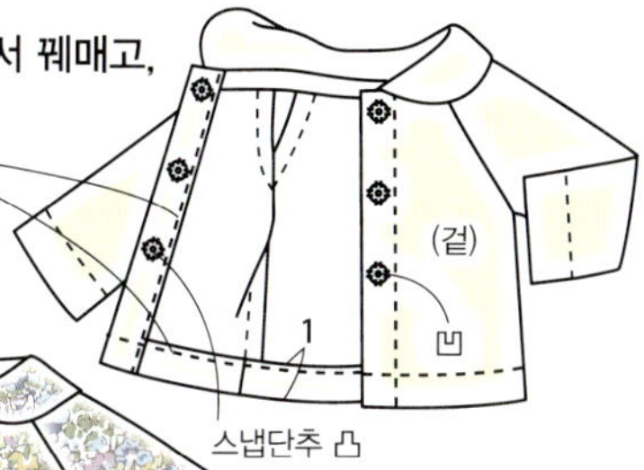
(겉)
1
스냅단추

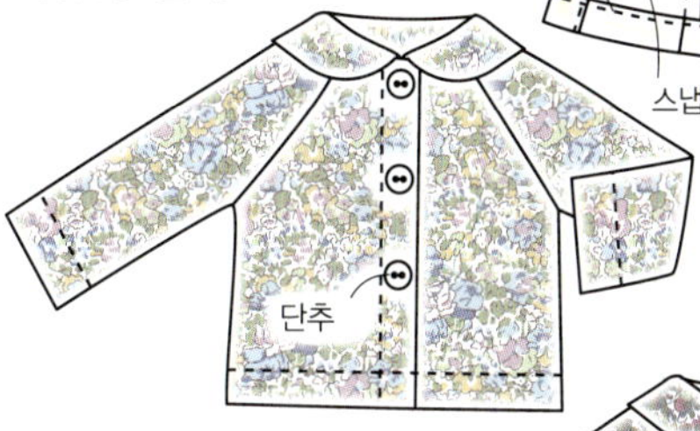
단추

11 원피스

만드는 법은 10 과 같다.

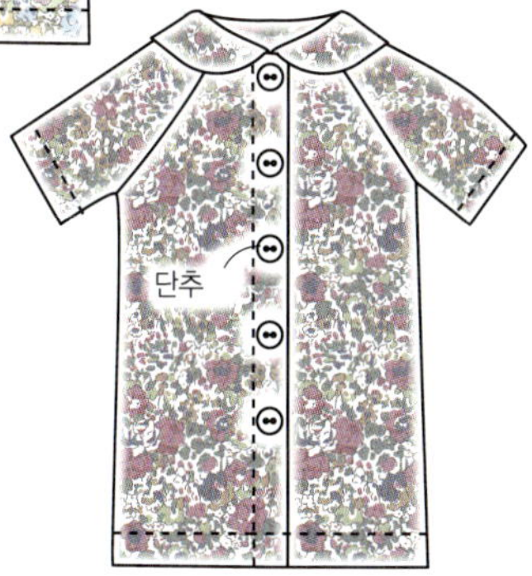
단추

재단도(실물 크기 패턴은 A면)

꽃무늬 프린트

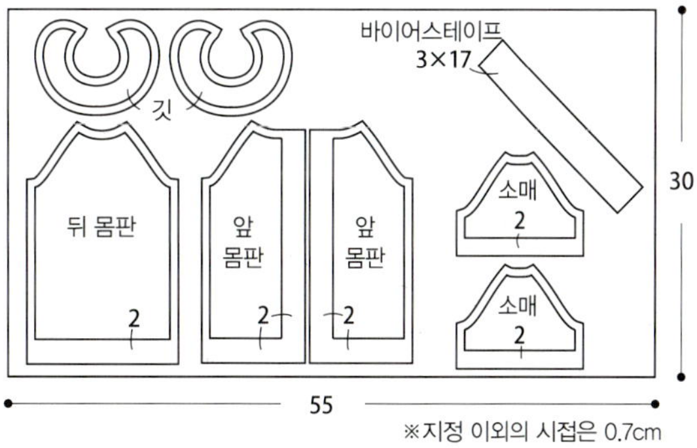
바이어스테이프
3×17
깃
뒤 몸판
2
앞
몸판
2
앞
몸판
2
소매
2
소매
2
30
55

※지정 이외의 시접은 0.7cm

F
12~18

티셔츠, 볼레로, 카디건

재료

12 … 니트 원단 40×15cm, 스냅단추 지름 0.5cm×3쌍

13, 14, 15, 17, 18 … 니트 원단 55×15cm,

스냅단추 지름 0.5cm×3쌍 (16, 17, 18은 없음)

16 … 니트 원단 40×15cm, 레이스 광목색 1.2cm 폭×25cm

재단도 (실물 크기 패턴은 A면)

12, 16 니트 원단

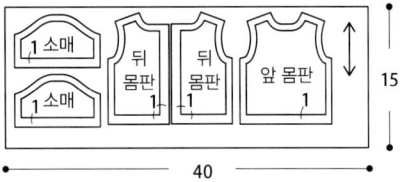

13, 14, 15, 17, 18 니트 원단 ※깃은 15만

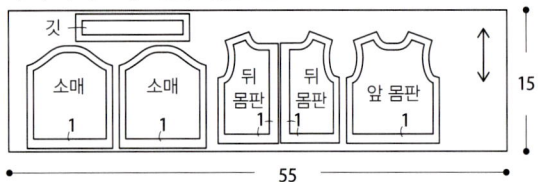

※ 지정 이외의 시접은 0.7cm
※ 16~18은 앞 몸판이 뒤, 뒤 몸판이 앞이 된다.

12 티셔츠

1 어깨를 겉끼리 맞대어 꿰매기

※시접은 가름솔 처리

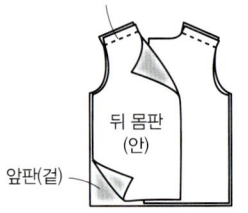

1 소맷부리를 두 겹으로 접어 꿰매기

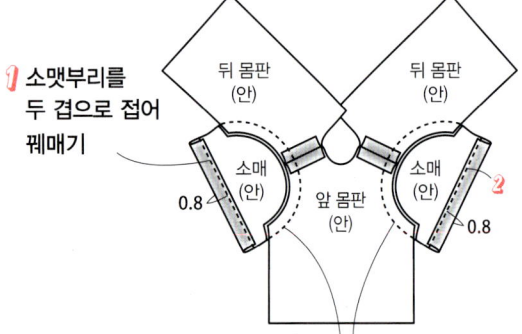

3 몸판과 소매를 겉끼리 맞대어 꿰매 붙이기

※ 시접은 소매 쪽으로 눕힌다.

---

4 소매 아래에서부터 옆선을 이어서 꿰매기

※ 시접은 가름솔 처리

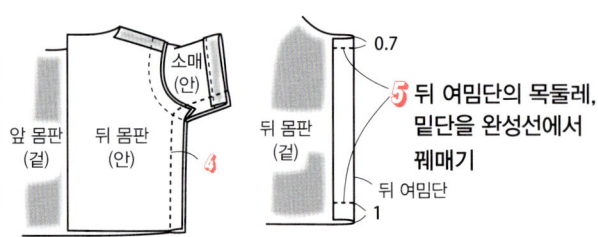

5 뒤 여밈단의 목둘레, 밑단을 완성선에서 꿰매기

6 겉으로 뒤집어 목둘레→밑단→ 뒤 여밈단 순으로 각각 두 겹으로 접어서 꿰매기

7 스냅단추 달기

13　14 티셔츠

만드는 법은 12 와 같다.

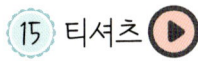 티셔츠 ▶

1 p.52 ⑫ ❶~❹와 같다.

2 깃 만들기

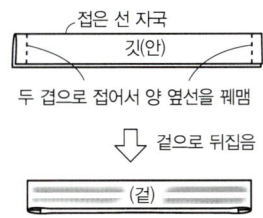

접은 선 자국
깃(안)
두 겹으로 접어서 양 옆선을 꿰맴
⬇ 겉으로 뒤집음
(겉)

3 깃 달기

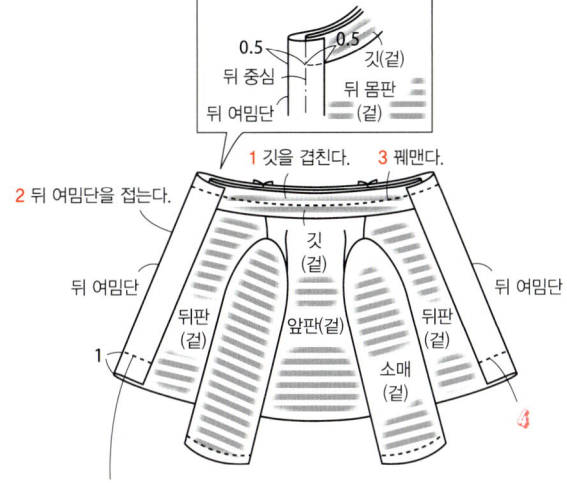

0.5   0.5
깃(겉)
뒤 중심
뒤 여밈단   뒤 몸판(겉)
1 깃을 겹친다.   **3** 꿰맨다.
2 뒤 여밈단을 접는다.
뒤 여밈단   깃(겉)   뒤 여밈단
뒤판(겉)   앞판(겉)   뒤판(겉)
1   소매(겉)   **4**

4 뒤 여밈단의 밑단을 완성선에 맞춰 꿰매기

5 겉으로 뒤집어 목둘레→밑단→뒤 여밈단의 순으로 각각 두 겹으로 접어서 꿰매기 (p.52 ⑫ ❻)

6 스냅단추 달기

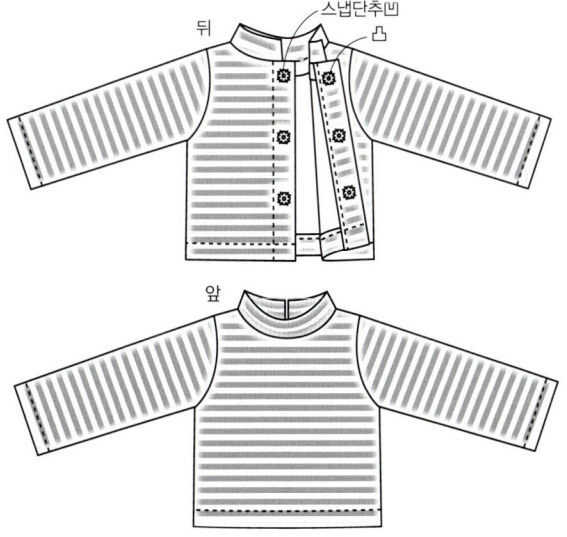

뒤   스냅단추凹   凸
앞

---

⑯ 볼레로

1 p.52 ⑫ ❶~❺과 같다.

2 밑단에 레이스 달기

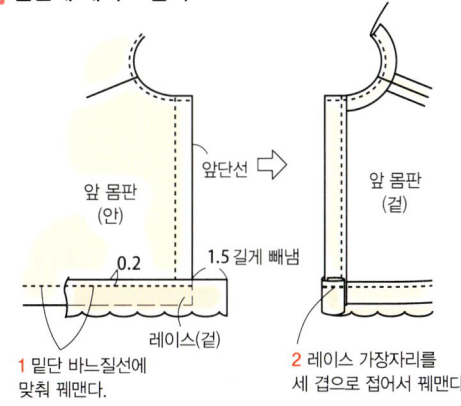

앞 몸판(안)   앞단선   앞 몸판(겉)
0.2   1.5 길게 빼냄
레이스(겉)
1 밑단 바느질선에 맞춰 꿰맨다.   **2** 레이스 가장자리를 세 겹으로 접어서 꿰맨다.

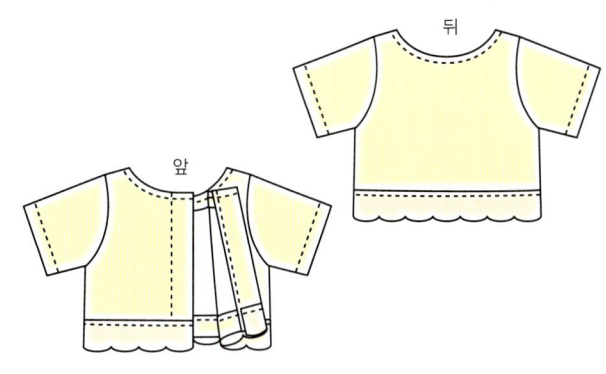

뒤
앞

---

⑰ ⑱ 카디건

만드는 법은 p.52 ⑫ ❶~❺과 같다.

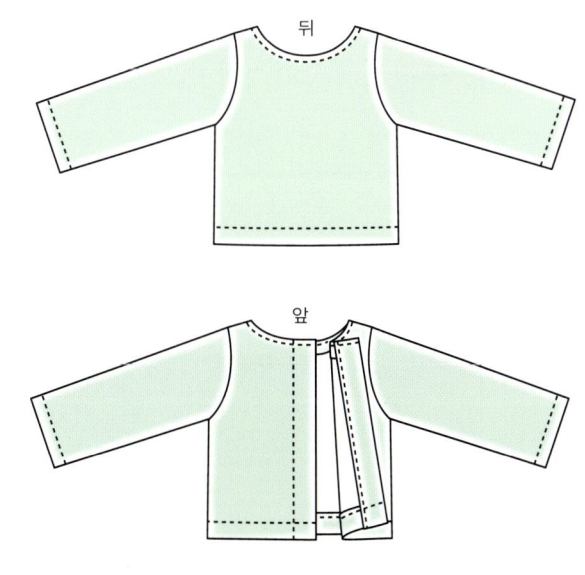

뒤
앞

G
19,20

티셔츠
재료
19 … 니트 원단 회색 40×15cm,
꽃무늬 프린트 15×15cm,
스냅단추 지름 0.5cm×2쌍

20 … 니트 원단 회색 25×20cm,
니트 원단 검정 30×15cm,
스냅단추 지름 0.5cm×2쌍

19 티셔츠

재단도 (실물 크기 패턴은 A면)

니트 원단 회색

뒤 몸판
깃
소매 1
소매 1
1 1

40

꽃무늬 프린트

앞 몸판 1

15   15

※지정 이외 시접은 0.7cm

1 소맷부리를 두 겹으로 접어 꿰매기

2 앞뒤 몸판과 소매를 꿰매 붙이기
※ 시접은 소매 쪽으로 눕힌다.

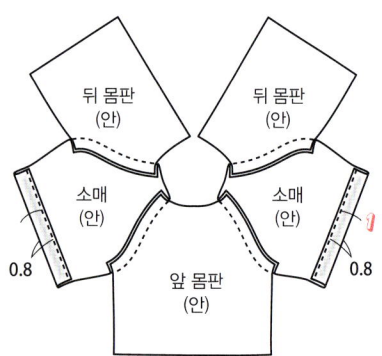

뒤 몸판 (안)   뒤 몸판 (안)
소매 (안)   소매 (안)
0.8   0.8   1
앞 몸판 (안)

3 소매 아래에서부터 옆선을 이어서 꿰매기 (p.55 21 4)

4 깃 만들기 (p.53 15 2)

5 깃 달기

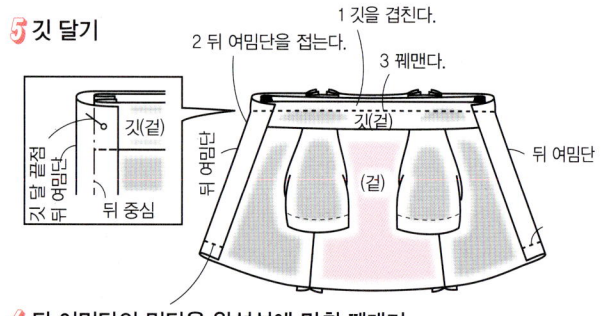

1 깃을 겹친다.
2 뒤 여밈단을 접는다.
3 꿰맨다.
깃(겉)
깃(겉)
뒤 여밈단
(겉)
뒤 중심

6 뒤 여밈단의 밑단을 완성선에 맞춰 꿰매기

7 겉으로 뒤집기

소매 (안)
뒤 몸판 (안)
0.8
0.8

9 뒤판에 스냅단추 달기

8 밑단→뒤 여밈단 순으로
두 겹으로 접어서 꿰매기

스냅단추凹   뒤

앞

20 티셔츠

재단도 (실물 크기 패턴은 A면)

니트 원단 회색

깃
소매 1   소매 1

25

니트 원단 검정

뒤 몸판
앞 몸판 1
1 1

30   15

20

※지정 이외 시접은 0.7cm

만드는 법은 19 와 같다.

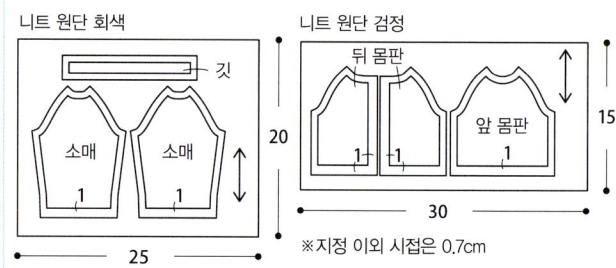

뒤

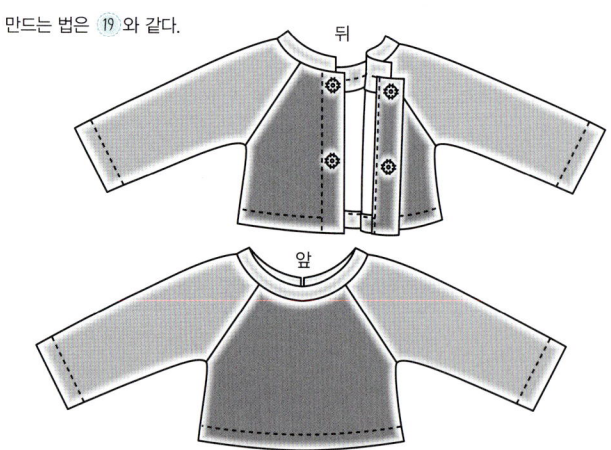

앞

 H 21,22,23

티셔츠

재료

21 … 니트 원단 짙은 핑크 35×15cm,
니트 원단 핑크 30×15cm,
체크무늬 원단, 양면 접착 시트 각 10×5cm,
리본 모티프, 펄 비즈 지름 0.3cm×각 1개,
스냅단추 지름 0.5cm×3쌍

22 … 니트 원단 감색 45×20cm,
레이스 원단 감색 15×15cm,
스냅단추 지름 0.5cm×3쌍

23 … 니트 원단 감색 45×20cm,
니트 원단 보더무늬 20×10cm,
스냅단추 지름 0.5cm×3쌍

---

21 티셔츠

재단도 (실물 크기 패턴은 A면)

니트 원단 짙은 핑크

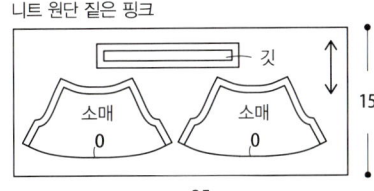

깃
소매 0
소매 0
35
15

체크무늬 원단

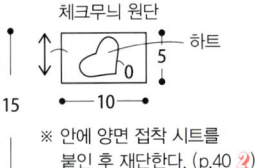

하트
5
10
15

※ 안에 양면 접착 시트를 붙인 후 재단한다. (p.40 ❷)

니트 원단 핑크

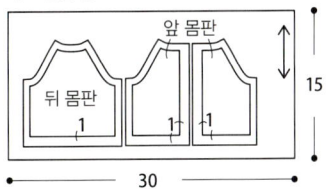

앞 몸판
뒤 몸판
1 1 1
30
15

※지정 이외의 시접은 0.7cm

1 하트를 아플리케 하기 (p.40 01 ❷)

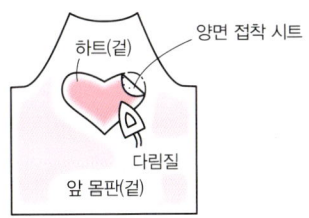

하트(겉)
양면 접착 시트
다림질
앞 몸판(겉)

2 몸판과 소매를 꿰매 붙이기

※ 시접은 소매 쪽을 눕힌다.

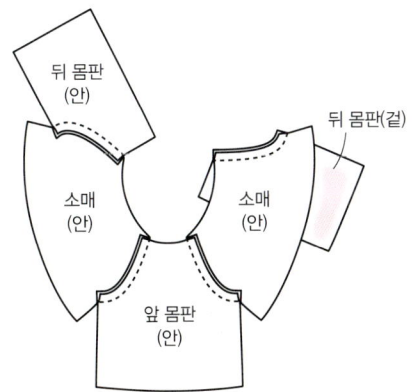

뒤 몸판(안)
뒤 몸판(겉)
소매(안)
소매(안)
앞 몸판(안)

---

3 소매에 개더 잡기 (p.44)

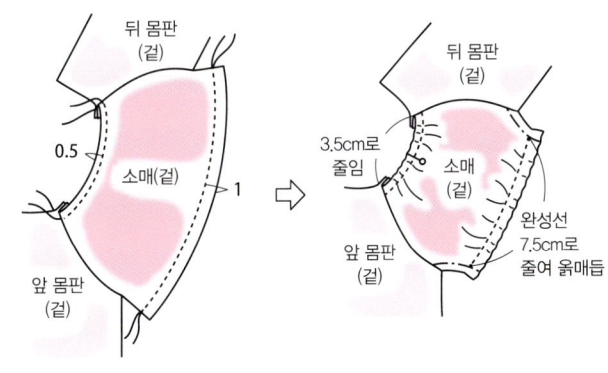

뒤 몸판(겉)
앞 몸판(겉)
소매(겉)
0.5
1
뒤 몸판(겉)
3.5cm로 줄임
소매(겉)
완성선 7.5cm로 줄여 옭아듬

4 소매 아래에서부터 옆선을 이어서 꿰매기

※ 시접은 가름솔 처리

소매(안)
앞 몸판(안)

5 p.54 19 ❹~❾과 같다.

6 뒤판에 스냅단추 달기

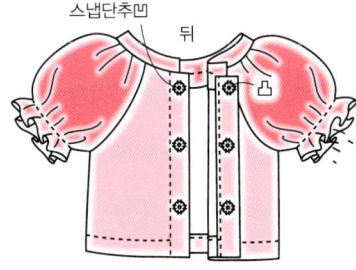

스냅단추凹
뒤
凸

7 앞판에 리본 모티프와 펄 비즈 달기

앞

22 티셔츠

재단도 (실물 크기 패턴은 A면)

니트 원단

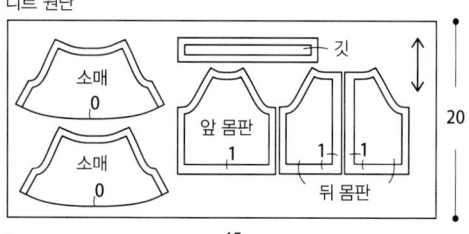

45 / 20

소매 0 / 소매 0 / 깃 / 앞 몸판 1 / 뒤 몸판 1 1

레이스 원단

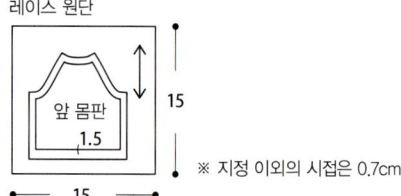

앞 몸판 1.5 / 15 / 15

※ 지정 이외의 시접은 0.7cm

1 앞 몸판의 니트 원단에 레이스 원단을 겹쳐서 시침질하기

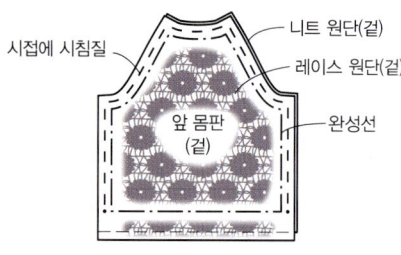

시접에 시침질 / 니트 원단(겉) / 레이스 원단(겉) / 완성선 / 앞 몸판 (겉)

2 이후 p.55 21 3∼8과 같다

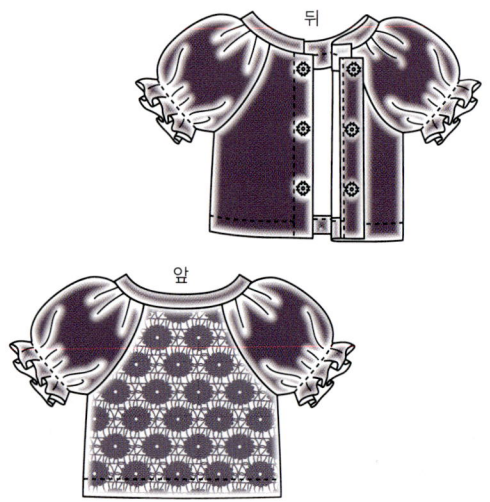

뒤 / 앞

23 티셔츠

재단도 (실물 크기 패턴은 A면)

니트 원단 감색

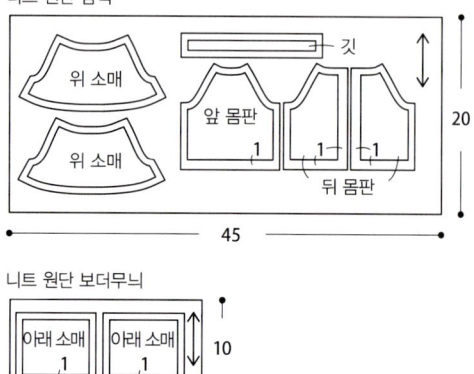

45 / 20

위 소매 / 위 소매 / 깃 / 앞 몸판 1 / 뒤 몸판 1 1

니트 원단 보더무늬

아래 소매 1 / 아래 소매 1 / 10 / 20

※ 지정 이외의 시접은 0.7cm

1 몸판과 소매를 꿰매 붙이기(p.55 21 2)

2 위 소매에 개더 잡기(p.44)

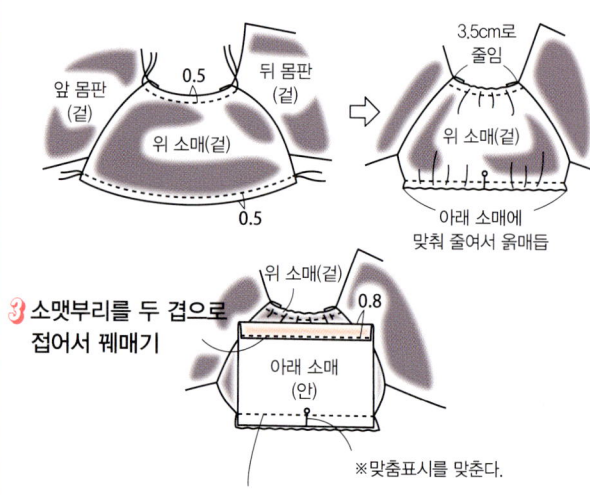

앞 몸판(겉) / 0.5 / 뒤 몸판(겉) / 위 소매(겉) / 0.5 / 3.5cm로 줄임 / 위 소매(겉) / 아래 소매에 맞춰 줄여서 옭매듭

3 소맷부리를 두 겹으로 접어서 꿰매기

위 소매(겉) / 0.8 / 아래 소매 (안) / ※맞춤표시를 맞춘다.

4 위아래 소매를 겉끼리 맞대어 꿰매기
※ 시접은 위 소매 쪽으로 눕힌다.

5 소매 아래에서부터 옆선을 이어서 꿰매기
※ 시접은 가름솔 처리

위 소매 (안) / 앞 몸판 (안) / 아래 소매 (안)

6 p.54 19 4∼8과 같다.

7 뒤판에 스냅단추 달기 (p.55 21 8)

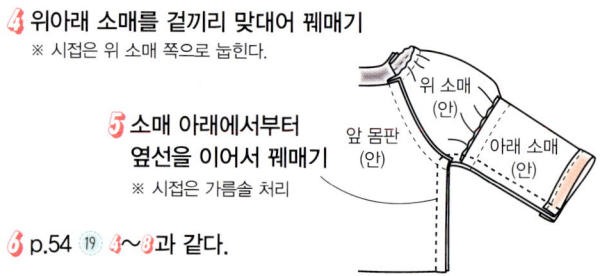

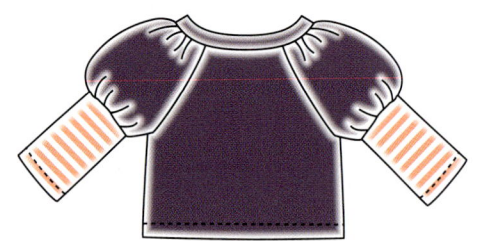

I

24

스커트

재료
무지 파란색 35×30cm,
체크무늬 25×25cm,
단추 지름 1cm×2개
스냅단추 지름 0.5cm×2쌍

재단도 (실물 크기 패턴은 A면)

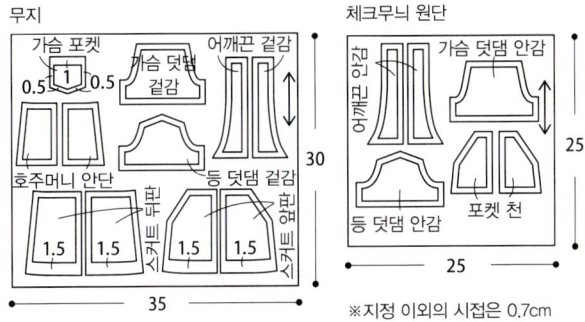

무지

- 가슴 포켓
- 0.5 1 0.5
- 가슴 덧댐 겉감
- 어깨끈 겉감
- 호주머니 안단
- 등 덧댐 겉감
- 1.5 1.5 1.5 1.5
- 스커트 뒤판
- 스커트 앞판
- 35
- 30

체크무늬 원단

- 가슴 덧댐 안감
- 어깨끈 안감
- 등 덧댐 안감
- 포켓 천
- 25
- 25

※지정 이외의 시접은 0.7cm

1 어깨끈 만들기

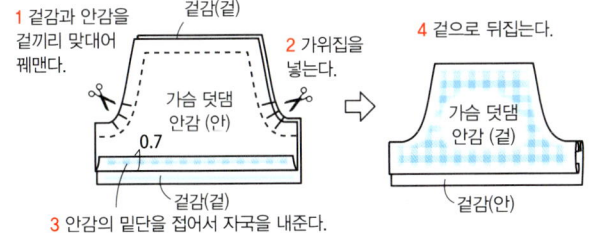

1 겉감과 안감을 겉끼리 맞대어 꿰매 붙인다.
2 모서리 시접을 잘라낸다.
3 겉으로 뒤집어 꿰맨다.
0.2
어깨끈 겉감(겉)
창구멍
창구멍 쪽
어깨끈 안감(안)
이 부분은 꿰매지 않음
부착 위치
※2개 만듦

2 가슴 덧댐 천 꿰매기

1 겉감과 안감을 겉끼리 맞대어 꿰맨다.
겉감(겉)
2 가위집을 넣는다.
4 겉으로 뒤집는다.
가슴 덧댐 안감 (안)
0.7
겉감(겉)
가슴 덧댐 안감 (겉)
3 안감의 밑단을 접어서 자국을 내준다.
겉감(안)

3 등 덧댐 천 꿰매기

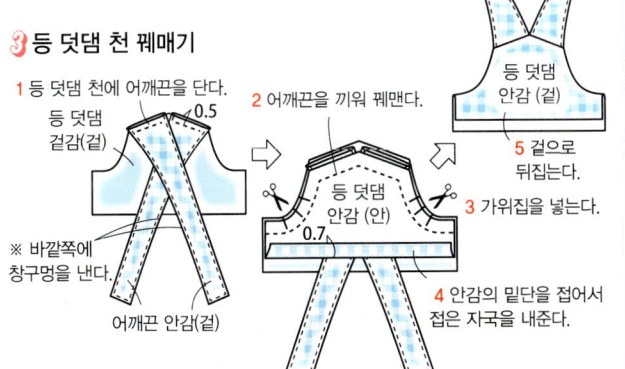

1 등 덧댐 천에 어깨끈을 단다.
등 덧댐 겉감(겉)
0.5
※ 바깥쪽에 창구멍을 낸다.
어깨끈 안감(겉)
2 어깨끈을 끼워 꿰맨다.
등 덧댐 안감 (안)
0.7
3 가위집을 넣는다.
4 안감의 밑단을 접어서 접은 자국을 내준다.
등 덧댐 안감 (겉)
5 겉으로 뒤집는다.

4 가슴 덧댐 천과 등 덧댐 천의 옆선 꿰매기

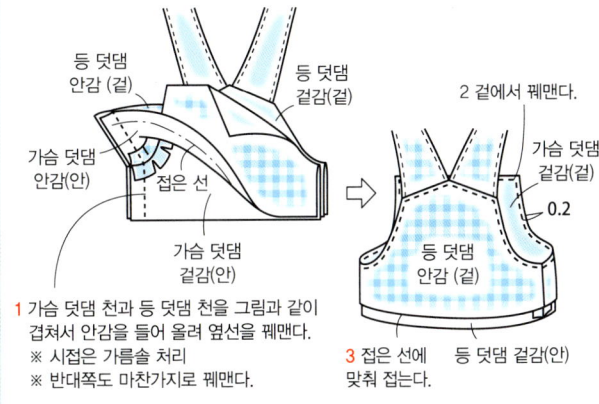

등 덧댐 안감 (겉)
등 덧댐 겉감(겉)
2 겉에서 꿰맨다.
가슴 덧댐 안감(안)
접은 선
가슴 덧댐 겉감(안)
가슴 덧댐 겉감(겉)
0.2
등 덧댐 안감 (겉)

1 가슴 덧댐 천과 등 덧댐 천을 그림과 같이 겹쳐서 안감을 들어 올려 옆선을 꿰맨다.
※ 시접은 가름솔 처리
※ 반대쪽도 마찬가지로 꿰맨다.
3 접은 선에 맞춰 접는다.
등 덧댐 겉감(안)

5 스커트 앞판에 포켓 달기

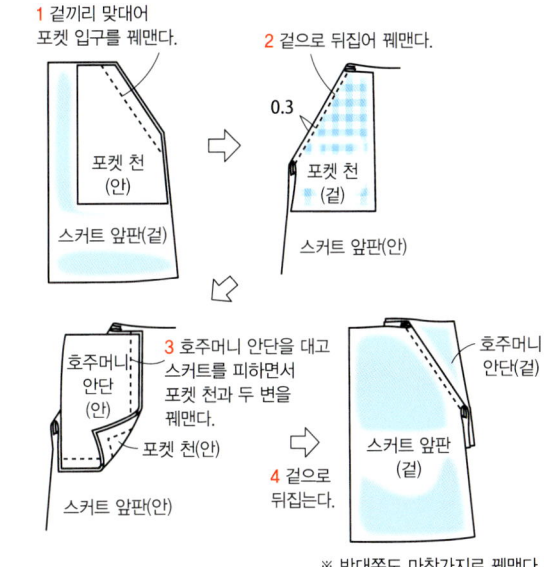

1 겉끼리 맞대어 포켓 입구를 꿰맨다.
포켓 천 (안)
스커트 앞판(겉)
2 겉으로 뒤집어 꿰맨다.
0.3
포켓 천 (겉)
스커트 앞판(안)

호주머니 안단 (안)
3 호주머니 안단을 대고 스커트를 피하면서 포켓 천과 두 변을 꿰맨다.
포켓 천(안)
스커트 앞판(안)
호주머니 안단(겉)
4 겉으로 뒤집는다.
스커트 앞판 (겉)

※ 반대쪽도 마찬가지로 꿰맨다.

6 스커트의 옆선 꿰매기

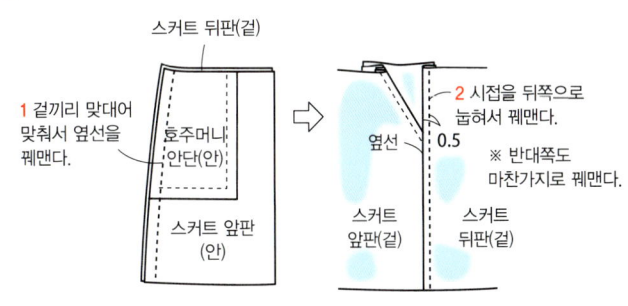

스커트 뒤판(겉)
1 겉끼리 맞대어 맞춰서 옆선을 꿰맨다.
호주머니 안단(안)
스커트 앞판 (안)
2 시접을 뒤쪽으로 눕혀서 꿰맨다.
옆선
0.5
스커트 앞판(겉)
스커트 뒤판(겉)
※ 반대쪽도 마찬가지로 꿰맨다.

7 앞 중심 꿰매기

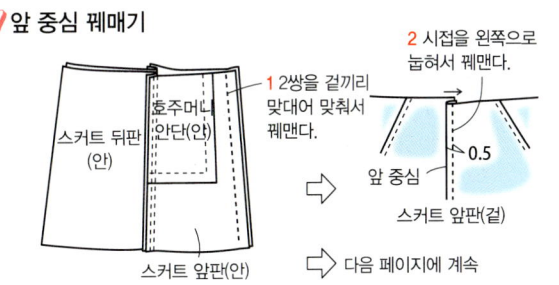

스커트 뒤판 (안)
호주머니 안단(안)
1 2쌍을 겉끼리 맞대어 맞춰서 꿰맨다.
2 시접을 왼쪽으로 눕혀서 꿰맨다.
앞 중심
0.5
스커트 앞판(겉)
스커트 앞판(안)

다음 페이지에 계속

8 뒤 중심 꿰매기

※ 시접은 오른쪽으로 눕힌다.

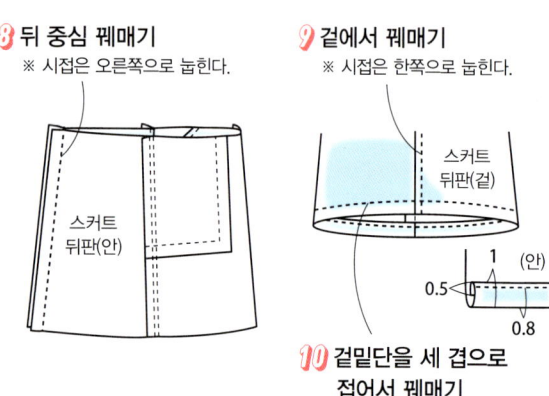

스커트
뒤판(안)

9 겉에서 꿰매기

※ 시접은 한쪽으로 눕힌다.

스커트
뒤판(겉)

(안)

1
0.5
0.8

10 겉밑단을 세 겹으로 접어서 꿰매기

11 4와 스커트를 꿰매 붙이기

1 겉끼리 맞대어 꿰맨다.
※ 시접은 가슴 덧댐 천 쪽으로 눕힌다.

등 덧댐 겉감
(겉)

스커트 뒤판
(안)

가슴 덧댐 겉감
(안)

가슴 덧댐 안감
(겉)

가슴 덧댐 겉감
(안)

스커트 앞판
(겉)

2 바느질선에
감친다.

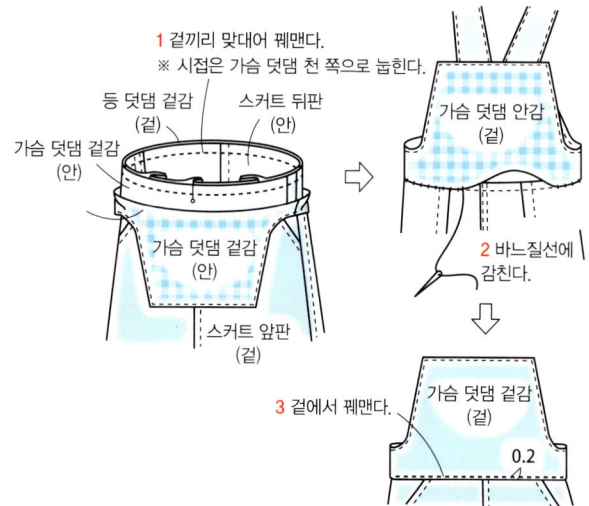

가슴 덧댐 겉감
(겉)

3 겉에서 꿰맨다.

0.2

12 가슴 포켓 달기

1 포켓 입구 부분을
두 겹으로 접어서 꿰맨다.

0.7

가슴 포켓
(안)

2 시접을 접는다.

(안)

3 가슴 덧댐 천에 단다.

1

(겉)

0.2

가슴 덧댐 겉감(겉)

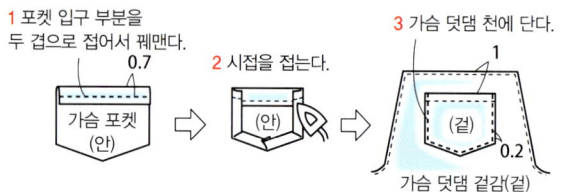

13 단추를 단 후 스냅단추 달기

1 가슴 덧댐 천 겉에 단추를 단다.

스냅단추凹

2 가슴 덧댐 천 안에 스냅단추를 단다.

p.19, 33

J 팬츠

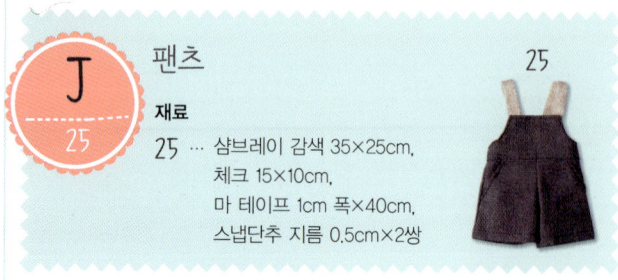

25

재료

25 … 샴브레이 감색 35×25cm,
체크 15×10cm,
마 테이프 1cm 폭×40cm,
스냅단추 지름 0.5cm×2쌍

재단도 (실물 크기 패턴은 A면)

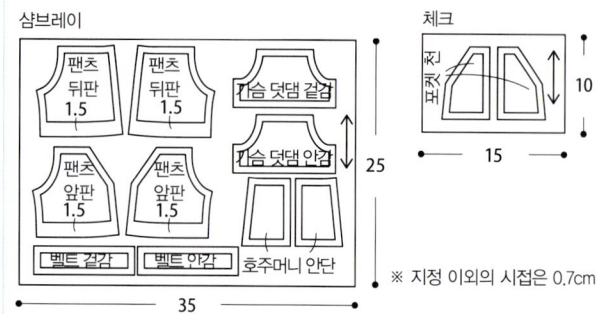

샴브레이

팬츠 뒤판 1.5	팬츠 뒤판 1.5	가슴 덧댐 겉감
팬츠 앞판 1.5	팬츠 앞판 1.5	가슴 덧댐 안감
벨트 겉감	벨트 안감	호주머니 안단

25

35

체크

포켓 천

10

15

※ 지정 이외의 시접은 0.7cm

1 팬츠 앞판에 포켓 달기 (p.57 24 5)

2 팬츠 옆선 꿰매기 (p.57 24 6)

3 밑단을 세 겹으로 접어서 접은 자국 내기

팬츠
(안)

1
0.5

4 겉끼리 맞대어 밑위 꿰매기

※ 시접은 왼쪽으로 눕힌다.

(겉)

팬츠 앞판
(안)

팬츠 뒤판
(안)

접은 선

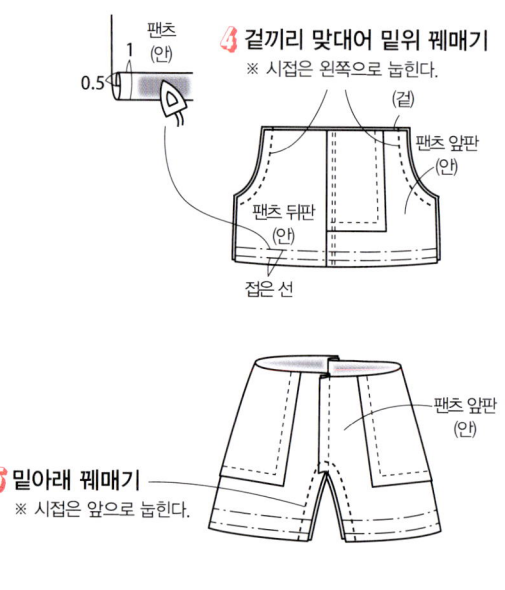

팬츠 앞판
(안)

5 밑아래 꿰매기

※ 시접은 앞으로 눕힌다.

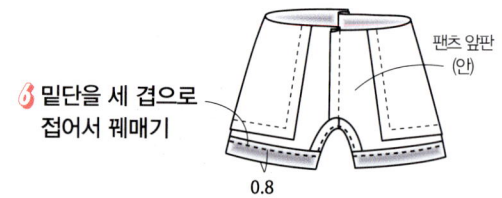

팬츠 앞판
(안)

6 밑단을 세 겹으로 접어서 꿰매기

0.8

7 가슴 덧댐 천 꿰매기

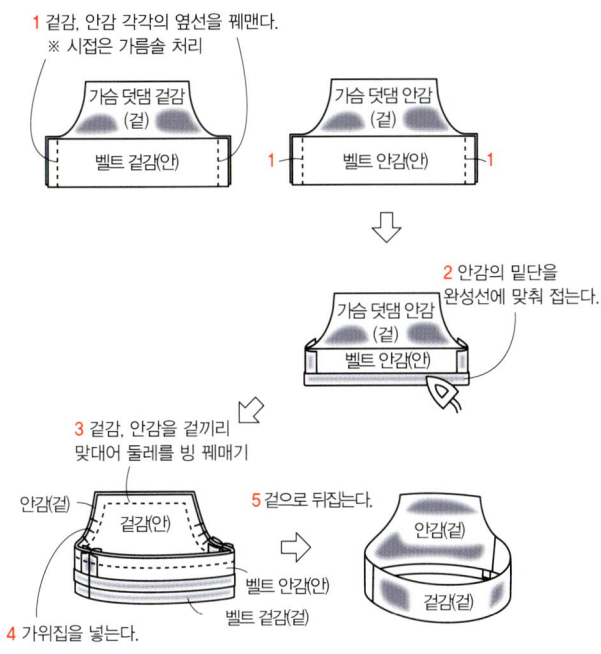

1 겉감, 안감 각각의 옆선을 꿰맨다.
※ 시접은 가름솔 처리

가슴 덧댐 겉감 (겉)
벨트 겉감(안)

가슴 덧댐 안감 (겉)
벨트 안감(안)

2 안감의 밑단을 완성선에 맞춰 접는다.

가슴 덧댐 안감 (겉)
벨트 안감(안)

3 겉감, 안감을 겉끼리 맞대어 둘레를 빙 꿰매기
안감(겉)
겉감(안)

5 겉으로 뒤집는다.
안감(겉)
겉감(겉)

4 가위집을 넣는다.
벨트 안감(안)
벨트 겉감(겉)

8 7과 팬츠를 꿰매 붙이기(p.58 24 11)

9 마 테이프를 뒤 중심에 꿰매 붙이기

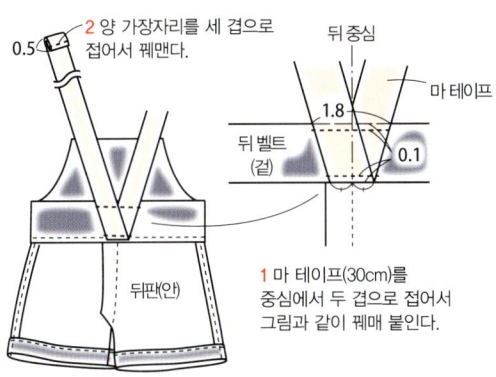

2 양 가장자리를 세 겹으로 접어서 꿰맨다.
0.5
뒤 중심
마 테이프
1.8
뒤 벨트 (겉)
0.1
뒤판(안)

1 마 테이프(30cm)를 중심에서 두 겹으로 접어서 그림과 같이 꿰매 붙인다.

10 가슴 덧댐 천과 테이프에 스냅단추 달기

스냅단추
凸 1
凹
안감만 떠서 꿰매 붙임

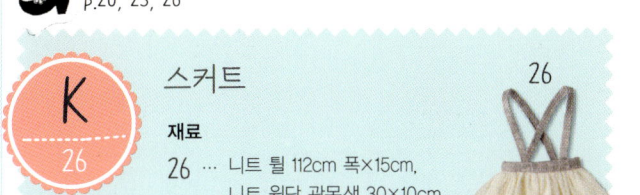

K
26

스커트
26

재료
26 … 니트 틸 112cm 폭×15cm,
니트 원단 광목색 30×10cm,
무지 15×20cm,
스냅단추 지름 0.5cm×1쌍

재단도

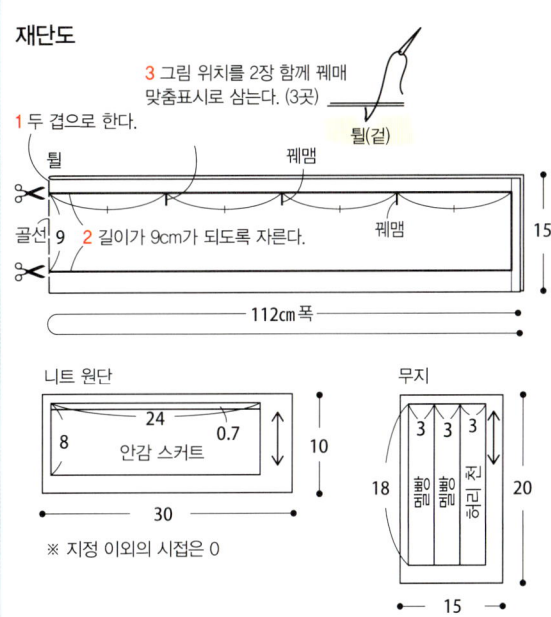

3 그림 위치를 2장 함께 꿰매 맞춤표시로 삼는다. (3곳)
틸(겉)

1 두 겹으로 한다.
틸
꿰맴
골선 9
2 길이가 9cm가 되도록 자른다.
꿰맴
15
112cm 폭

니트 원단
24
8   0.7
안감 스커트
10
30

무지
3 3 3
18   허리접음   20
15

※ 지정 이외의 시접은 0

1 멜빵 꿰매기

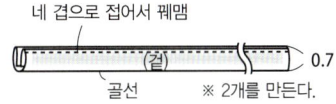

네 겹으로 접어서 꿰맴
(겉)
0.7
골선   ※ 2개를 만든다.

2 틸과 스커트에 개더 잡기

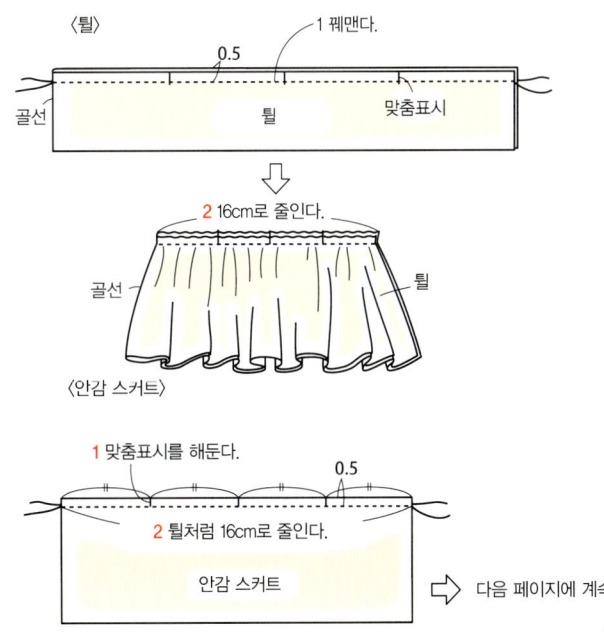

〈틸〉
0.5
1 꿰맨다.
골선   틸   맞춤표시

2 16cm로 줄인다.
골선   틸

〈안감 스커트〉

1 맞춤표시를 해둔다.
0.5
2 틸처럼 16cm로 줄인다.
안감 스커트

다음 페이지에 계속

3 허리 천 달기

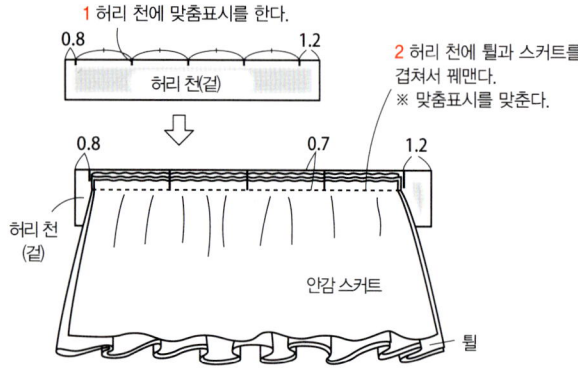

1 허리 천에 맞춤표시를 한다.

0.8   허리 천(겉)   1.2

2 허리 천에 틸과 스커트를
겹쳐서 꿰맨다.
※ 맞춤표시를 맞춘다.

0.8   0.7   1.2

허리 천
(겉)

안감 스커트

틸

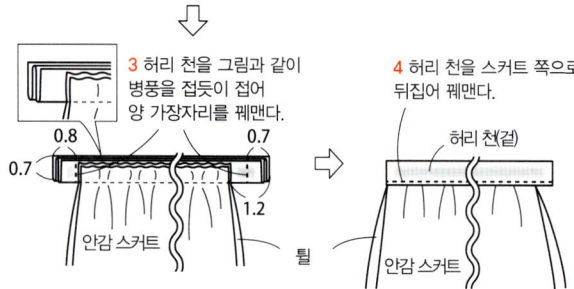

3 허리 천을 그림과 같이
병풍을 접듯이 접어
양 가장자리를 꿰맨다.

0.8   0.7
0.7   0.7
1.2

안감 스커트   틸

4 허리 천을 스커트 쪽으로
뒤집어 꿰맨다.

허리 천(겉)

안감 스커트

4 멜빵 달기

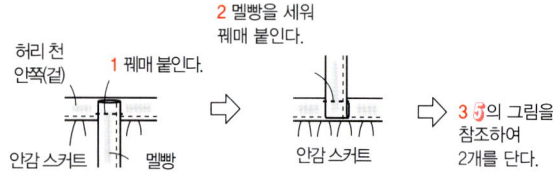

허리 천
안쪽(겉)   1 꿰매 붙인다.

안감 스커트   멜빵

2 멜빵을 세워
꿰매 붙인다.

3 5의 그림을
참조하여
2개를 단다.

5 허리 천에 스냅단추 달기

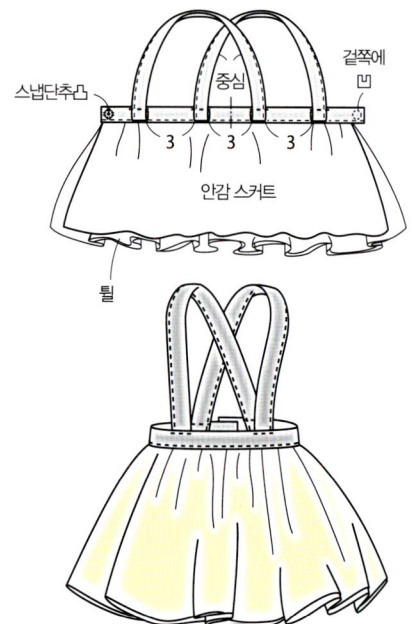

스냅단추凸   중심   겉쪽에
凹
3   3   3

안감 스커트

틸

p.25, 33

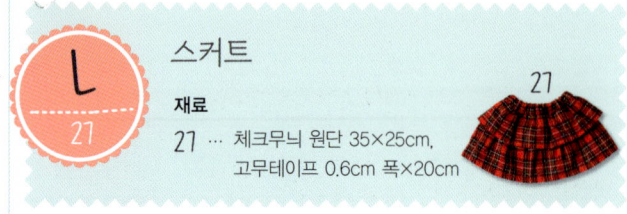

L
27

스커트

재료

27 ··· 체크무늬 원단 35×25cm,
고무테이프 0.6cm 폭×20cm

27

재단도(실물 크기 패턴은 B면)

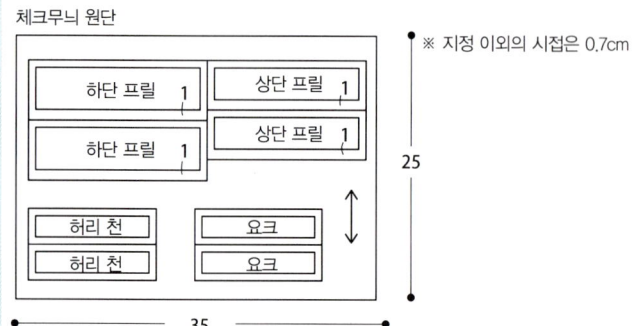

체크무늬 원단

하단 프릴 1	상단 프릴 1
하단 프릴 1	상단 프릴 1
허리 천	요크
허리 천	요크

※ 지정 이외의 시접은 0.7cm

25

35

1 요크를 겉끼리 맞대어 옆선 꿰매기

※ 시접은 가름솔 처리

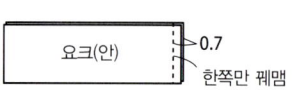

요크(안)   0.7
한쪽만 꿰맴

2 프릴 꿰매기

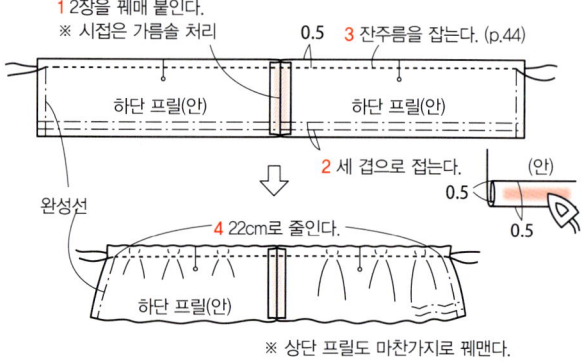

1 2장을 꿰매 붙인다.
※ 시접은 가름솔 처리

0.5   3 잔주름을 잡는다. (p.44)

하단 프릴(안)   하단 프릴(안)

2 세 겹으로 접는다.   (안)
0.5
0.5

완성선

4 22cm로 줄인다.

하단 프릴(안)

※ 상단 프릴도 마찬가지로 꿰맨다.

3 1과 하단 프릴을 겉끼리 맞대어 꿰매기

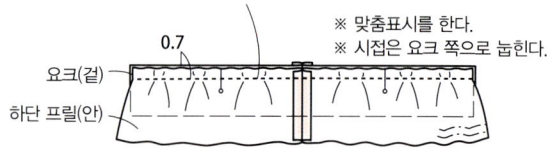

0.7

※ 맞춤표시를 한다.
※ 시접은 요크 쪽으로 눕힌다.

요크(겉)

하단 프릴(안)

4 옆선 꿰매기

※ 시접은 가름솔 처리

요크(안)

하단 프릴(안)

(겉)

0.4   (안)
0.5
0.5

5 접은 선에서 세 겹으로 하여 꿰맨다.

6 상단 프릴을 연결하여 고리 모양으로 꿰매기

※ 시접은 가름솔 처리

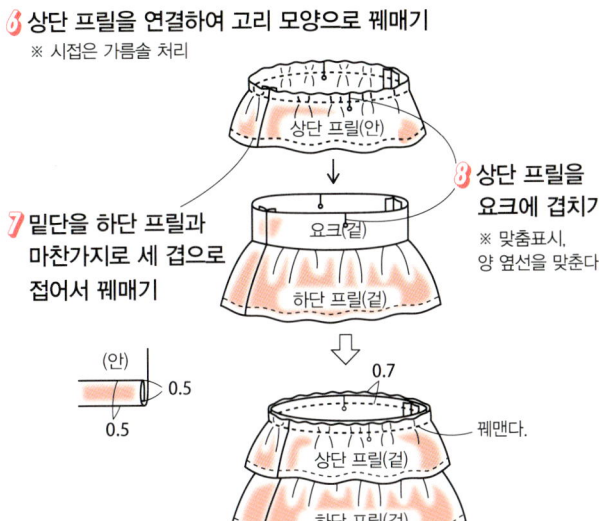

상단 프릴(안)

요크(겉)

하단 프릴(겉)

7 밑단을 하단 프릴과 마찬가지로 세 겹으로 접어서 꿰매기

(안)
0.5
0.5

8 상단 프릴을 요크에 겹치기

※ 맞춤표시, 양 옆선을 맞춘다.

0.7

상단 프릴(겉)

하단 프릴(겉)

꿰맨다.

9 허리 천 만들기

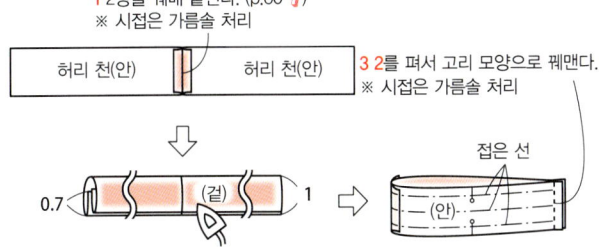

1 2장을 꿰매 붙인다. (p.60 ⑦)
※ 시접은 가름솔 처리

허리 천(안)   허리 천(안)

3 2를 펴서 고리 모양으로 꿰맨다.
※ 시접은 가름솔 처리

접은 선

0.7   (겉)   1

(안)

2 그림과 같이 네 겹으로 접어서 자국을 내준다.

10 스커트와 허리 천을 겉끼리 맞대어 꿰매기

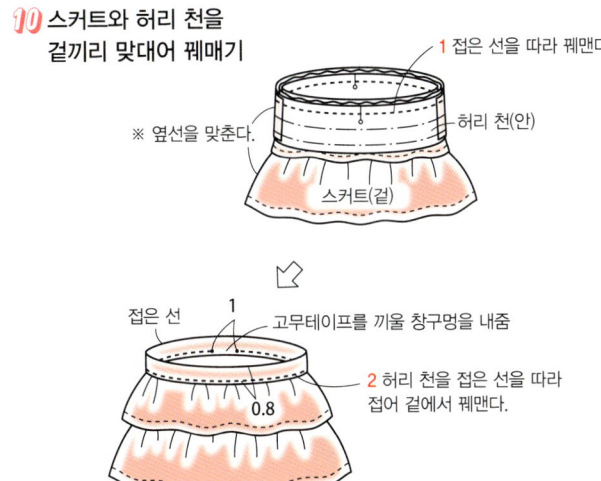

1 접은 선을 따라 꿰맨다.

허리 천(안)

※ 옆선을 맞춘다.

스커트(겉)

접은 선   1

고무테이프를 끼울 창구멍을 내줌

0.8

2 허리 천을 접은 선을 따라 접어 겉에서 꿰맨다.

11 고무테이프 끼우기
(p.64 ㉜ ④)

고무줄 허리 완성
약 12cm

---

28 p.12, 14   29 p.14, 24

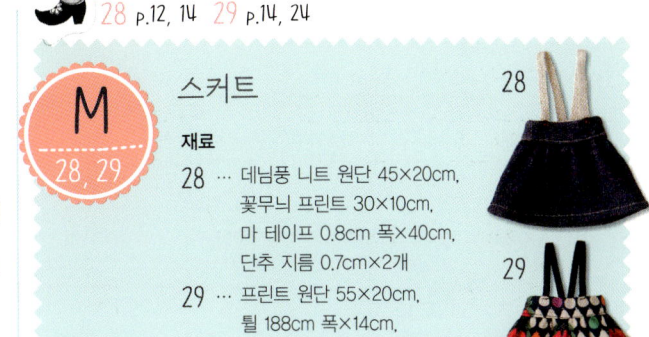

M
28, 29

스커트

재료

28 ··· 데님풍 니트 원단 45×20cm,
꽃무늬 프린트 30×10cm,
마 테이프 0.8cm 폭×40cm,
단추 지름 0.7cm×2개

29 ··· 프린트 원단 55×20cm,
틸 188cm 폭×14cm,
그로그랭 리본 0.9cm 폭×40cm,
고무테이프 0.6cm 폭×20cm

28

29

㉘ 스커트

재단도(실물 크기 패턴은 B면)

데님풍 니트 원단

요크 겉   요크 겉

스커트
1.5

스커트
1.5

20

45

꽃무늬 프린트

요크 안   요크 안

10

30

※ 지정 이외의 시접은 0.7cm

❶ 스커트 밑단을 세 겹으로 하여 다리미로 자국이 생기도록 접기

❷ 스커트 밑단을 세 겹으로 하여 다리미로 자국이 생기도록 접기

0.5

(안)

0.7
0.8

스커트(안)

※2장 만든다.

❸ 스커트와 요크를 겉끼리 맞대어 꿰매기

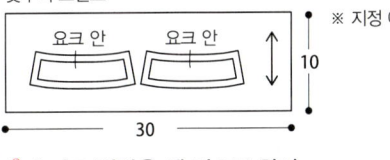

※ 맞춤표시를 맞춘다.   1 꿰맨다.

요크 겉(안)

스커트(겉)   2 접은 선은 펴둔다.

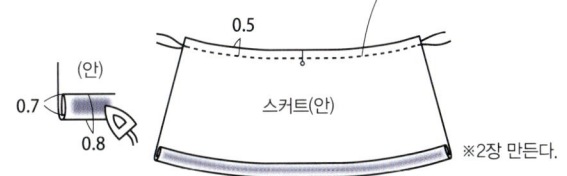

요크 겉(겉)   3 시접을 요크 쪽으로 눕혀 꿰맨다

0.2

스커트(겉)

※ 2장 만든다.

다음 페이지에 계속

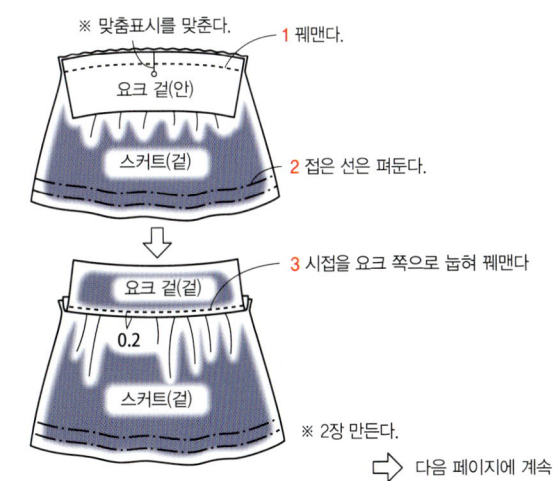

4 3과 요크 안을 겉끼리 맞대어 꿰매기

※ 시접은 가름솔 처리

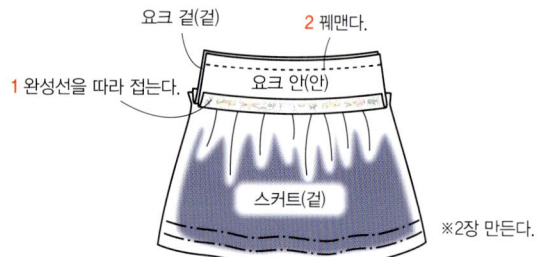

1 완성선을 따라 접는다.
요크 겉(겉)
2 꿰맨다.
요크 안(안)
스커트(겉)
※2장 만든다.

5 4의 2장을 겉끼리 맞대어 양 옆선을 꿰매기

※ 시접은 가름솔 처리

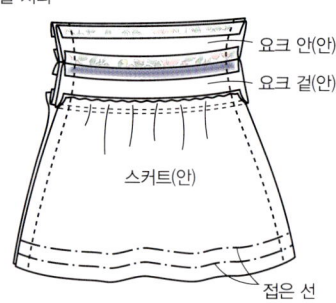

요크 안(안)
요크 겉(안)
스커트(안)
접은 선

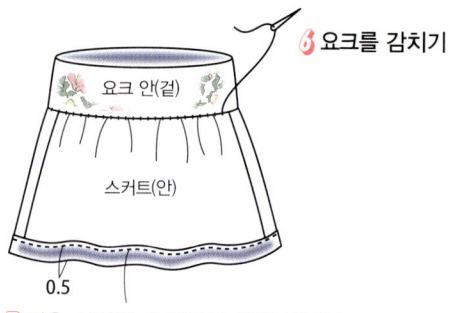

6 요크를 감치기

요크 안(겉)
스커트(안)
0.5

7 접은 선에서 세 겹으로 하여 꿰매기

8 멜빵 달기

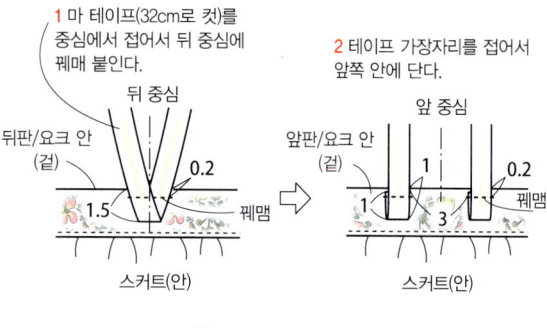

1 마 테이프(32cm로 컷)를 중심에서 접어서 뒤 중심에 꿰매 붙인다.
뒤 중심
뒤판/요크 안 (겉)
0.2
1.5
꿰맴
스커트(안)

2 테이프 가장자리를 접어서 앞쪽 안에 단다.
앞 중심
앞판/요크 안 (겉)
1
0.2
1
3
꿰맴
스커트(안)

9 앞판에 단추를 꿰매 붙이기

---

29 스커트

재단도(실물 크기 패턴은 B면)

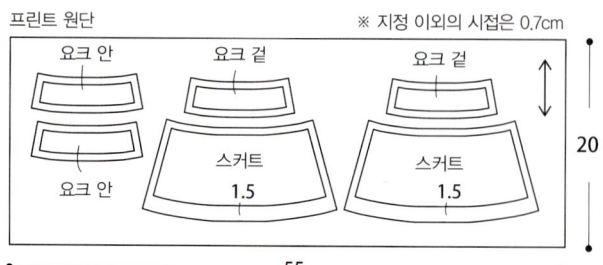

프린트 원단
※ 지정 이외의 시접은 0.7cm
요크 안
요크 겉
요크 겉
요크 안
스커트 1.5
스커트 1.5
20
55

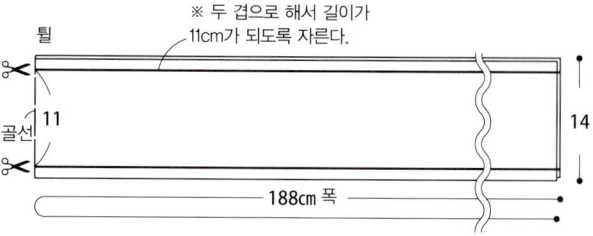

※ 두 겹으로 해서 길이가 11cm가 되도록 자른다.
틸
골선
11
14
188cm 폭

1 p.61 **28** **1**～**8**과 같이 스커트 꿰매기

2 틸을 두 겹으로 접기

골선
틸

3 위쪽 가장자리를 접어서 꿰매기

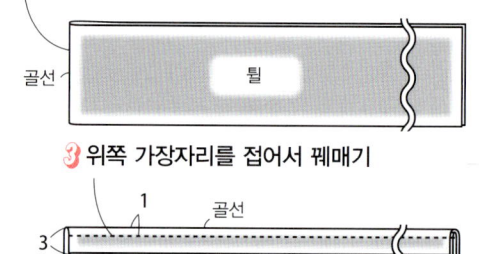

1
골선
3
틸
골선

4 고무테이프를 끼운 후 매듭짓기

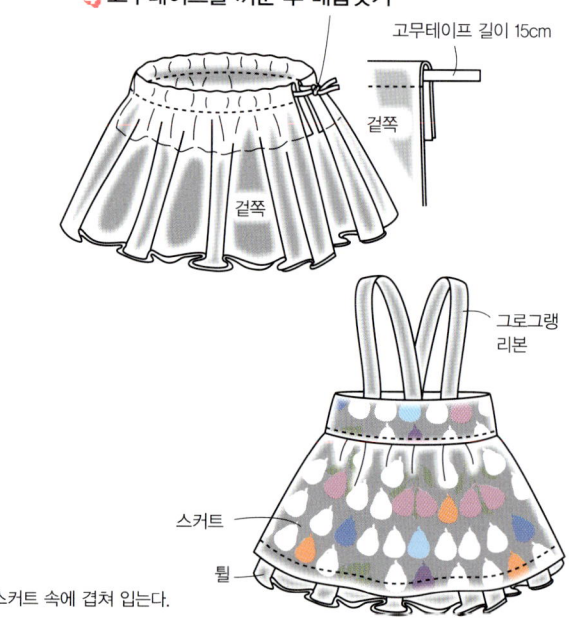

고무테이프 길이 15cm
겉쪽
겉쪽

그로그랭 리본
스커트
틸

※ 스커트 속에 겹쳐 입는다.

N 팬츠
30, 31

재료

30, 31 ··· 데님풍 니트 원단 25×20cm,
고무테이프 0.6cm 폭×20cm

 30   31

재단도(실물 크기 패턴은 B면)

데님풍 니트 원단

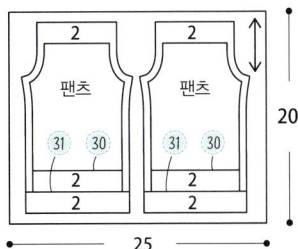

※지정 이외의 시접은 0.7cm

---

30 팬츠

1 밑단을 세 겹으로 해서
다림질하기

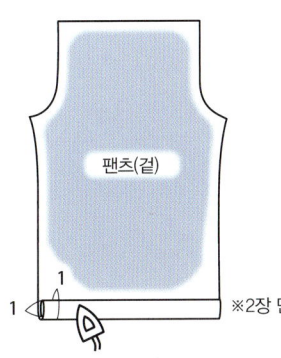

팬츠(겉)

1
1
※2장 만든다.

2 2장을 겉끼리 맞대어
밑위 꿰매기
※ 시접은 가름솔 처리

(겉)

1cm
한쪽은
고무테이프를 끼울
창구멍을 내줌

팬츠(안)

3 밑아래 꿰매기

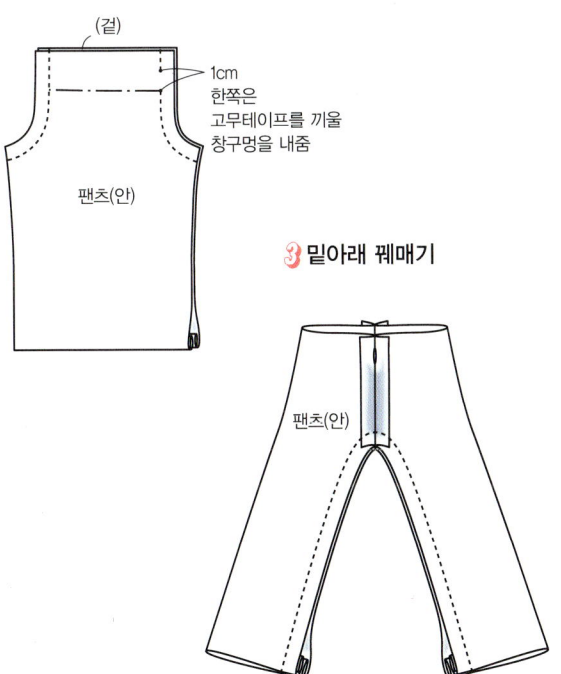

팬츠(안)

---

4 허리를 세 겹으로 하여 꿰매기

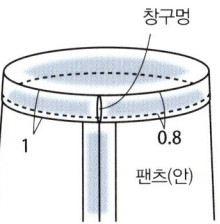

창구멍

1   0.8

팬츠(안)

5 겉으로 뒤집어 고무테이프 끼우기 (p.64 32 4)

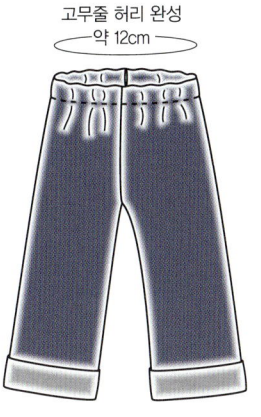

고무줄 허리 완성
← 약 12cm →

31 팬츠

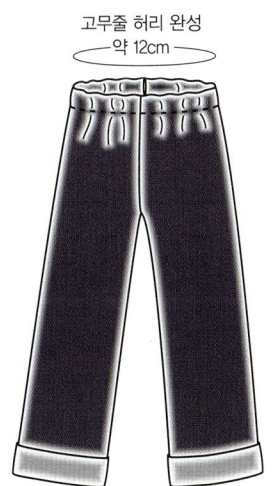

고무줄 허리 완성
← 약 12cm →

 P.13, 20

O 스커트
32

재료
꽃무늬 프린트 40×20cm,
고무테이프 0.6cm 폭×20cm

32

 33 P.26, 30 34 P.26, 31

P 볼레로
33, 34

재료
33 … 레이스 원단 30×20cm
34 … 플리스 원단 30×20cm

33

34

재단도

꽃무늬 프린트

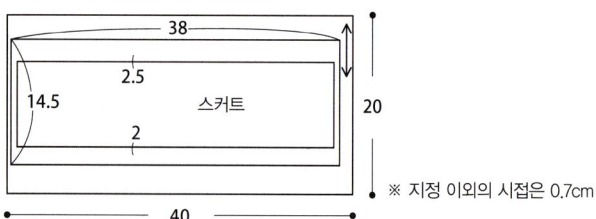

38
2.5
14.5
스커트
2
20
40

※ 지정 이외의 시접은 0.7cm

재단도(실물 크기 패턴은 B면)

33 레이스 원단　　34 플리스 원단

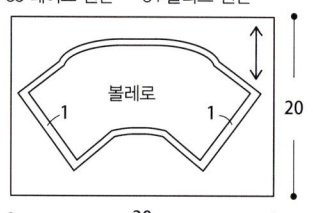

볼레로
1　　　1
20
30

※ 지정 이외의 시접은 0.7cm

---

1 겉끼리 맞대어 접어서
　　옆선 꿰매기

　　※ 시접은 가름솔 처리

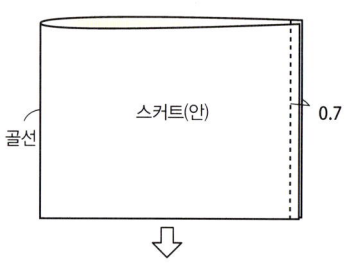

골선　　스커트(안)　　0.7

↓

겉으로 뒤집음

2 허리를 세 겹으로 하여 꿰매기

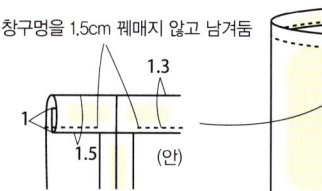

창구멍을 1.5cm 꿰매지 않고 남겨둠

1.3
1
1.5
(안)

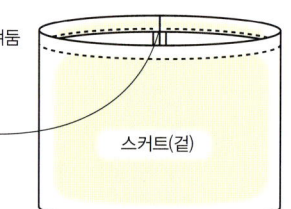

스커트(겉)

3 밑단을 세 겹으로 하여 꿰매기

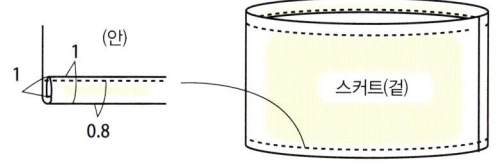

(안)
1
1
0.8

스커트(겉)

4 겉으로 뒤집어 고무테이프 끼우기

고무줄 허리 완성
약 12cm

고무테이프의 길이를
조절하여 꿰매 붙인다.

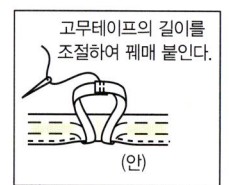

(안)

※ 고무테이프는 작은 옷핀 등을
사용해서 끼우면 편리하다.

---

33 볼레로

2 겉끼리 맞닿도록 접어서
　　소매 아래 꿰매기

1 소맷부리를
　　두 겹으로 해서
　　꿰매기

3 바느질 끝점의 시접에
　　가위집내기

　　※ 시접은 가름솔 처리

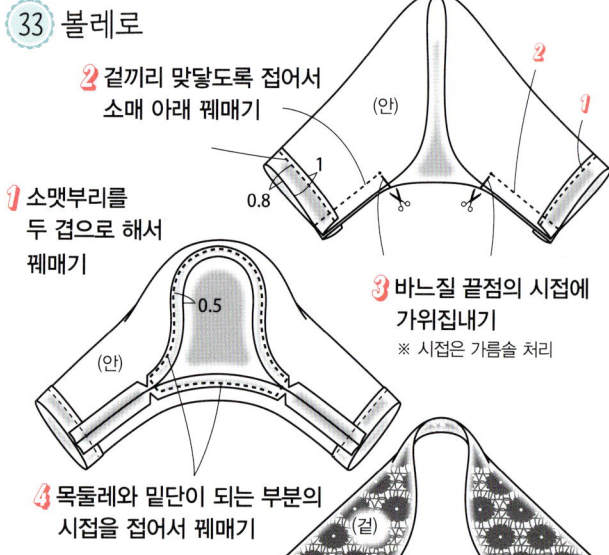

(안)
1
0.8
0.5
(안)

4 목둘레와 밑단이 되는 부분의
　　시접을 접어서 꿰매기

(겉)

겉으로 뒤집음

34 볼레로

1 겉끼리 접어서 소매 아래를 꿰매고,
　　가위집내기 (33 2 , 3)

2 목둘레와 밑단이 되는
　　부분의 시접을 접어 겉이
　　울지 않도록 주의하면서
　　감치기

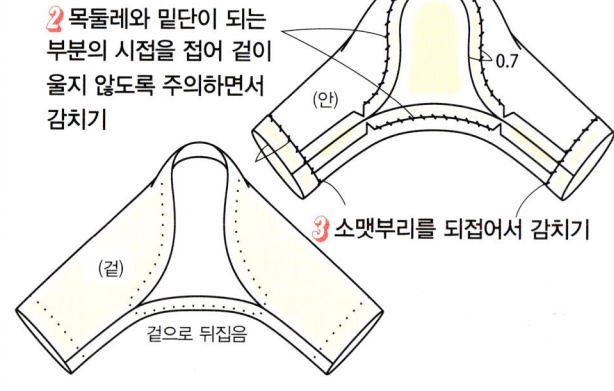

0.7
(안)

(겉)

3 소맷부리를 되접어서 감치기

겉으로 뒤집음

Q
35,36,37

재킷

재료

35 … 펠트 짙은 핑크 30×30cm,
펠트 광목색 30×15cm,
니트 원단 보더 20×5cm,
고무테이프 0.6cm 폭×75cm,
단추 지름 0.8cm×3개,
스냅단추 지름 0.5cm×3쌍

 35

36 … 니트 원단 감색 45×30cm,
레이스 원단 감색 20×15cm,
고무테이프 검정 0.6cm 폭×75cm

37 … 데님풍 니트 원단 45×30cm,
레이스 1cm 폭×20cm,
고무테이프 검정 0.6cm 폭×75cm

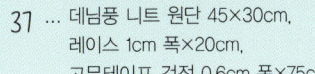 36

 37

35 재킷

재단도(실물 크기 패턴은 B면)

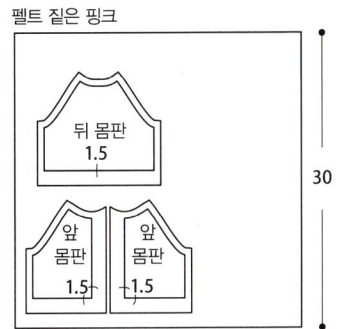

펠트 짙은 핑크
뒤 몸판 1.5
앞 몸판 1.5
앞 몸판 1.5
30
30

펠트 광목색
장식 포켓 0
소매 1.5
소매 1.5
15
30

니트 원단 보더
깃 0
5
20

※ 지정 이외의 시접은 0.7cm

1 장식 포켓을 꿰매 붙이기

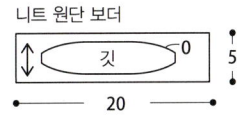

양 옆선은 온박음질
0.2
앞 몸판 (겉)

아래는 세로감침질하기 (p.80)

2 소맷부리와 뒤 몸판의 밑단을 꿰매고, 고무테이프 끼우기

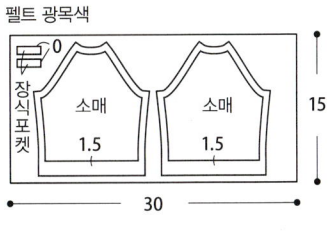

소매(안) 1.3
뒤 몸판(안) 1.3

1 두 겹으로 해서 꿰맨다.

2 고무테이프를 끼워 한쪽을 꿰매 붙이고,
치수에 맞춰 줄인 후 다른 한쪽을 꿰맨다.

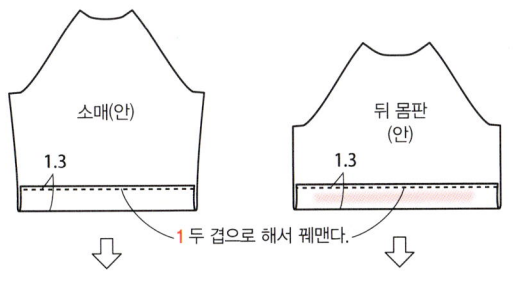

소매(안)
0.3 0.3
끝에서 끝까지 9cm 길이 15cm

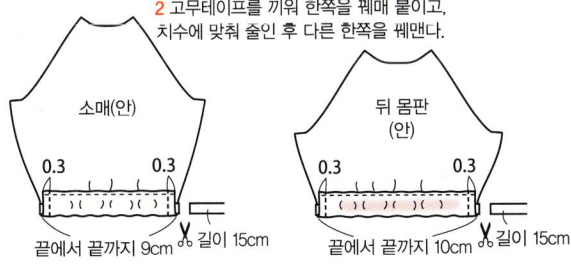

뒤 몸판(안)
0.3 0.3
끝에서 끝까지 10cm 길이 15cm

3 앞 몸판의 밑단을 꿰매고, 고무테이프 끼우기

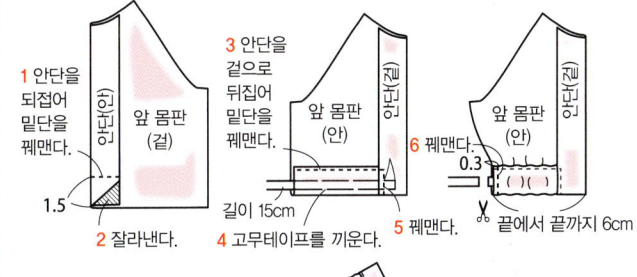

1 안단을 되접어 밑단을 꿰맨다.
1.5
2 잘라낸다.
앞 몸판 (겉)
3 안단을 겉으로 뒤집어 밑단을 꿰맨다.
앞 몸판 (안)
길이 15cm
4 고무테이프를 끼운다.
5 꿰맨다.
6 꿰맨다.
앞 몸판 (안)
0.3
끝에서 끝까지 6cm

4 소매와 몸판을 꿰매 붙이기

※ 시접은 가름솔 처리

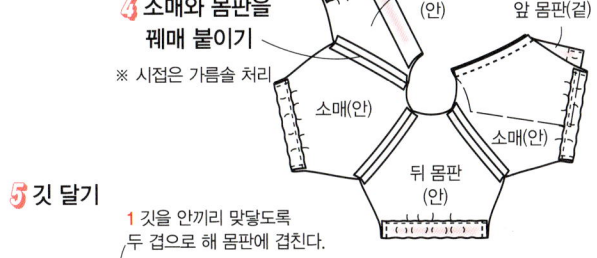

앞 몸판 (안)
앞 몸판(겉)
소매(안)
소매(안)
뒤 몸판 (안)

5 깃 달기

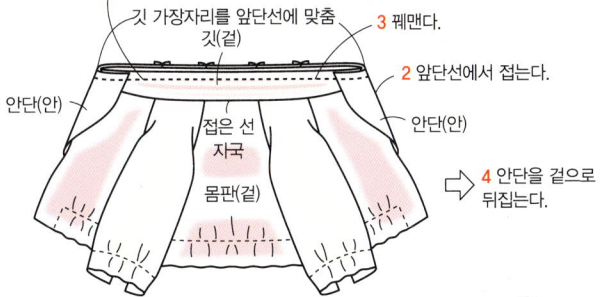

1 깃을 안끼리 맞닿도록 두 겹으로 해 몸판에 겹친다.
깃 가장자리를 앞단선에 맞춤
깃(겉)
3 꿰맨다.
2 앞단선에서 접는다.
안단(안)
접은 선 자국
몸판(겉)
안단(안)

→ 4 안단을 겉으로 뒤집는다.

6 소매 아래에서부터 옆선을 이어서 꿰매기

※ 시접은 가름솔 처리

소매(안)
앞 몸판 (안)

7 앞단선 꿰매기

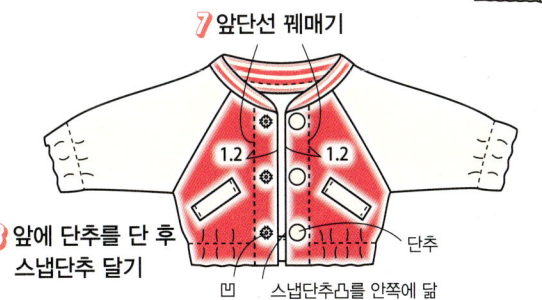

1.2 1.2
단추

8 앞에 단추를 단 후 스냅단추 달기

凹 스냅단추凸를 안쪽에 닮

36 재킷

재단도(실물 크기 패턴은 B면)

니트 원단

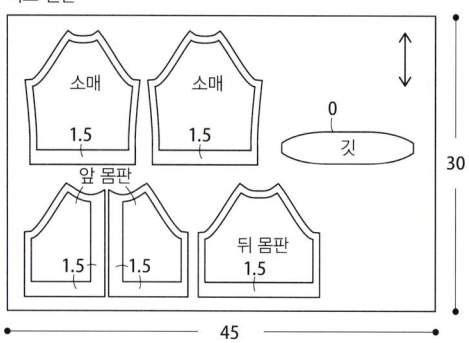

레이스 원단

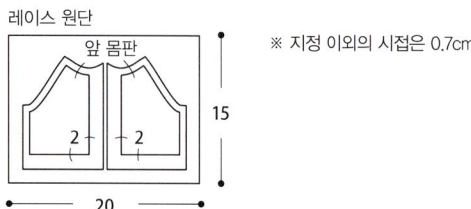

※ 지정 이외의 시접은 0.7cm

1 앞 몸판에 레이스 원단을 겹쳐서 밑단을 꿰매기

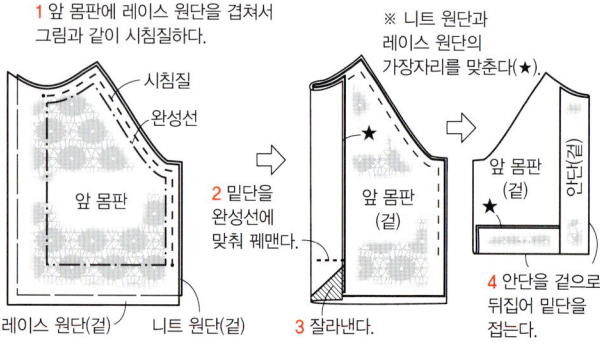

1 앞 몸판에 레이스 원단을 겹쳐서 그림과 같이 시침질하다.

※ 니트 원단과 레이스 원단의 가장자리를 맞춘다(★).

시침질
완성선
앞 몸판
레이스 원단(겉)   니트 원단(겉)

2 밑단을 완성선에 맞춰 꿰맨다.

★   앞 몸판(겉)
3 잘라낸다.

앞 몸판(겉)   안단(겉)
★
4 안단을 겉으로 뒤집어 밑단을 접는다.

2 p.65 ③⑤ 2~4과 같다.

3 앞단선 꿰매기

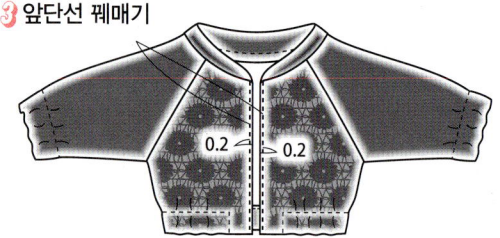

0.2   0.2

37 재킷

재단도(실물 크기 패턴은 B면)

데님 풍 니트 원단

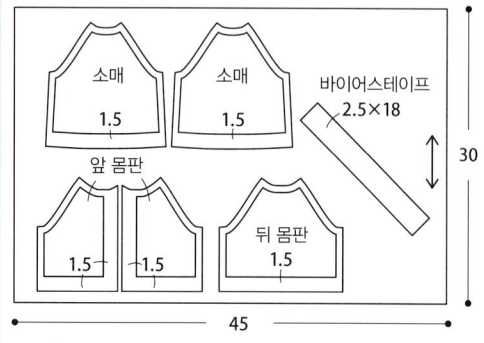

※ 지정 이외의 시접은 0.7cm

1 p.65 ③⑤ 2~4와 같다.

2 목둘레 처리하기

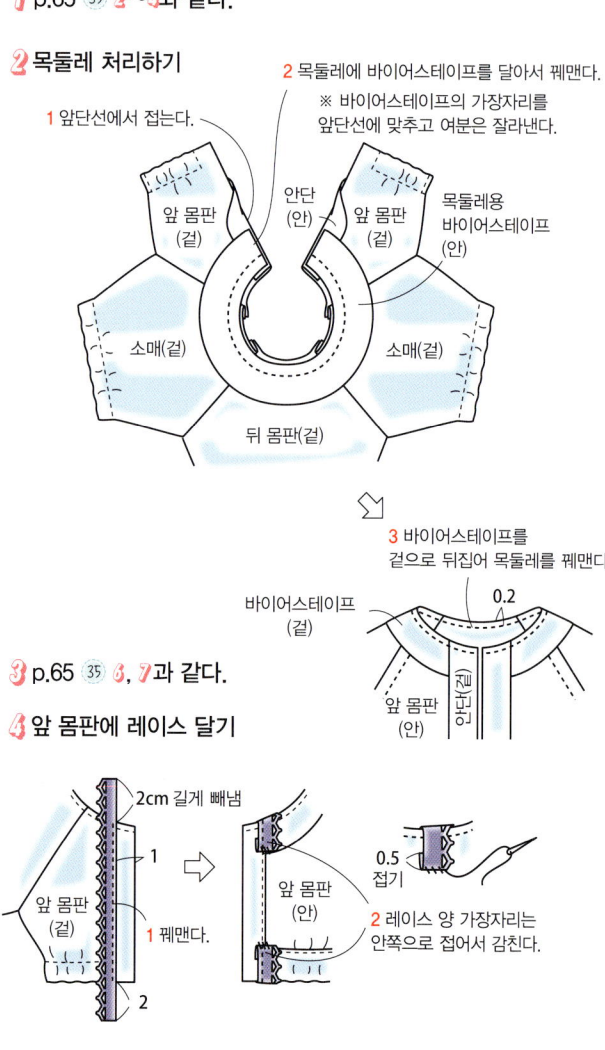

2 목둘레에 바이어스테이프를 달아서 꿰맨다.
※ 바이어스테이프의 가장자리를 앞단선에 맞추고 여분은 잘라낸다.

1 앞단선에서 접는다.

앞 몸판(겉)   안단(안)   앞 몸판(겉)   목둘레용 바이어스테이프(안)
소매(겉)   소매(겉)
뒤 몸판(겉)

3 바이어스테이프를 겉으로 뒤집어 목둘레를 꿰맨다.

바이어스테이프(겉)   0.2
앞 몸판(겉)   안단(안)

3 p.65 ③⑤ 6, 7과 같다.

4 앞 몸판에 레이스 달기

2cm 길게 빼냄

앞 몸판(겉)   1   1 꿰맨다.   2

앞 몸판(안)
0.5 접기
2 레이스 양 가장자리는 안쪽으로 접어서 감친다.

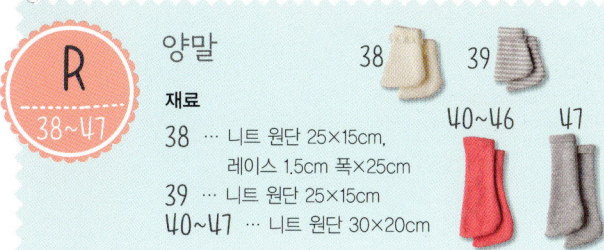

38 P.13, 16, 20 39 P.18 40~47 P.10, 11, 12, 14, 23, 24, 25, 28, 32, 33

R
38~47

양말

재료
38 … 니트 원단 25×15cm,
    레이스 1.5cm 폭×25cm
39 … 니트 원단 25×15cm
40~47 … 니트 원단 30×20cm

재단도(실물 크기 패턴은 B면)

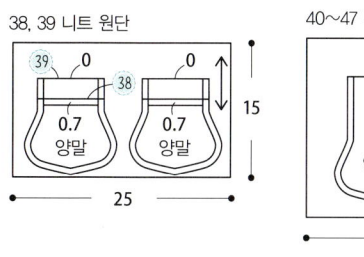

38, 39 니트 원단

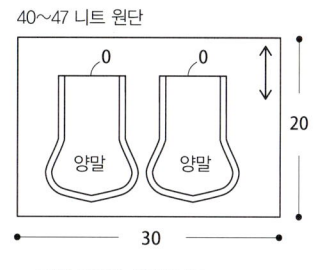

40~47 니트 원단

15

25

20

30

※ 지정 이외의 시접은 0.7cm

38 양말

1 안쪽으로 두 겹으로 접는다.
2 접은 선 자국을 따라 레이스를 꿰매 붙인다.
3 두 겹으로 해서 꿰맨다.
4 겉으로 뒤집는다.

0.7

(겉)

(안) 골선

(겉)

2장 만듦

39 47 양말

1 겉쪽으로 세 겹으로 접는다.

1

(겉)

⇒ 38 3.4와 같다.

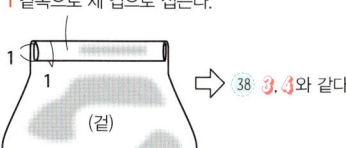
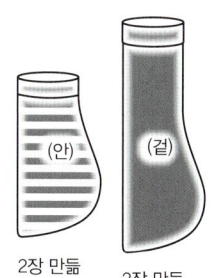

(안)

(겉)

2장 만듦   2장 만듦

40 ~ 46 양말

1 안쪽으로 세 겹으로 접는다.

1 (겉)
1

(안)

⇒ 38 3.4와 같다.

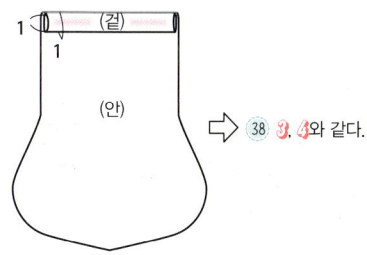
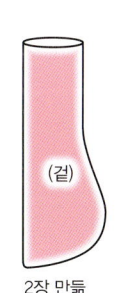

(겉)

2장 만듦

---

48 P.26, 30 49 P.14, 22, 26

S
48, 49

레깅스

49

48

재료
48 … 틸 30×30cm
49 … 니트 원단 30×30cm

재단도(실물 크기 패턴은 B면)

48 틸   49 니트원단

0   0

레깅스   레깅스

30

30

※ 지정 이외의 시접은 0.7cm

48 49 레깅스 ※ 손바느질을 추천합니다.

1 2장을 겉끼리 맞대어 표시를
따라 가위집내기

(겉)

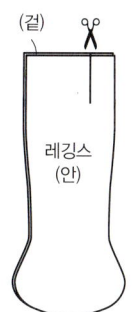

레깅스
(안)

2 가위집을 내어
손바느질하기

(겉)

0.5

(안)

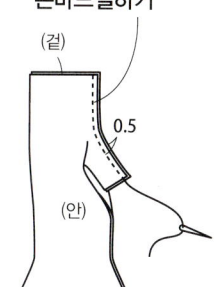

3 한쪽을 피해 두 겹으로 접어서 뒤 중심 꿰매기
※ 다른 한 쪽도 마찬가지로 꿰맨다.

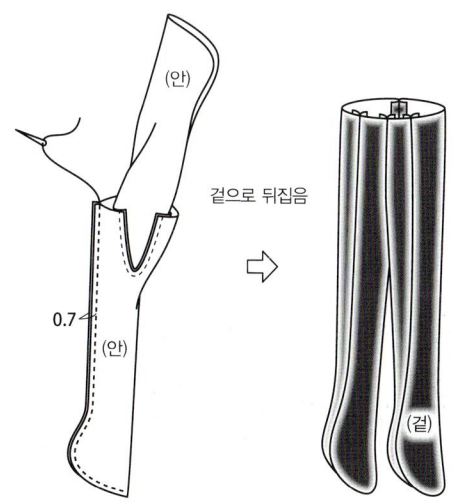

(안)

겉으로 뒤집음

0.7

(안)

(겉)

T 50, 51
V 53, 54, 55

신발

재료 필요량은 모두 25×15cm

50 ⋯ 에나멜 검정, 자수실 검정.
51 ⋯ 합성피혁 핑크, 자수실 광목색.
53 ⋯ 합성피혁 주황, 자수실 주황.
54 ⋯ 합성피혁 핑크, 비즈 지름 0.5cm×2개, 자수실 핑크
55 ⋯ 에나멜 빨강, 자수실 빨강

U 52

신발

재료
합성피혁 갈색 25×15cm,
자수실 갈색

50 51 신발

재단도 (실물 크기 패턴은 B면)

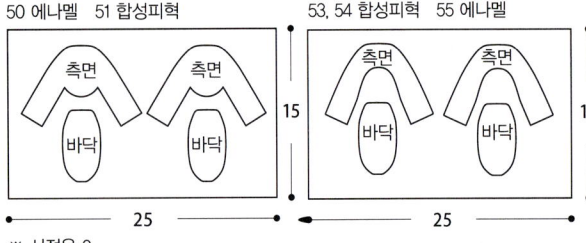

50 에나멜 51 합성피혁   53, 54 합성피혁 55 에나멜

측면 측면 / 바닥 바닥   측면 측면 / 바닥 바닥
15   15
25   25

※ 시접은 0

재단도 (실물 크기 패턴은 B면)

합성피혁

신발 혀 태슬
바닥   바닥
측면   측면

※ 시접은 0

15

25

1 측면의 뒤 중심을 맞춰 꿰매기
※ 모두 자수실(2가닥)로 꿰맨다.

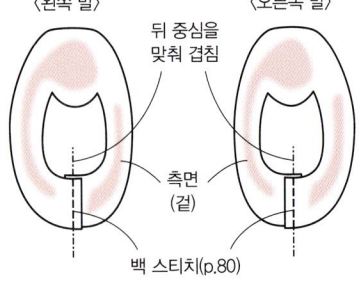

〈왼쪽 발〉 〈오른쪽 발〉

뒤 중심을 맞춰 겹침
측면(겉)
백 스티치(p.80)

2 1과 바닥을 맞춰 측면 쪽에서 백 스티치로 꿰매 붙이기

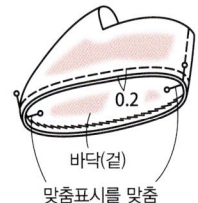

0.2
바닥(겉)
맞춤표시를 맞춤

1 신발 혀와 태슬에 가위집내기

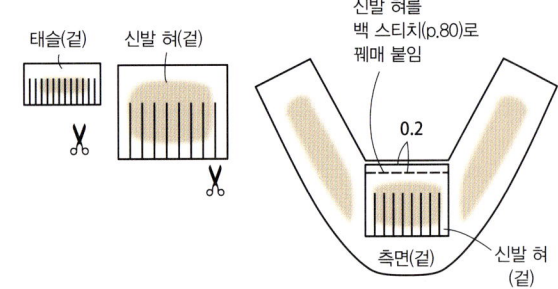

태슬(겉) 신발 혀(겉)

2 측면에 신발 혀 달기
※ 모두 자수실(2가닥)로 꿰맨다.

신발 혀를 백 스티치(p.80)로 꿰매 붙임

0.2

측면(겉) 신발 혀(겉)

3 태슬을 만들어 2에 달기

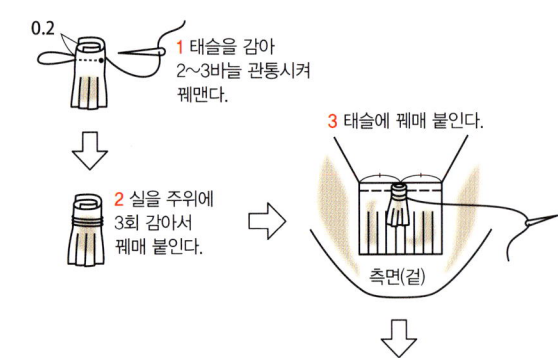

0.2

1 태슬을 감아 2~3바늘 관통시켜 꿰맨다.

2 실을 주위에 3회 감아서 꿰매 붙인다.

3 태슬에 꿰매 붙인다.

측면(겉)

4 50 1 2와 같다.

53 54 55 신발

만드는 방법은 50 과 같다.

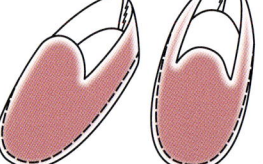

53   54 비즈를 꿰매 붙임   55

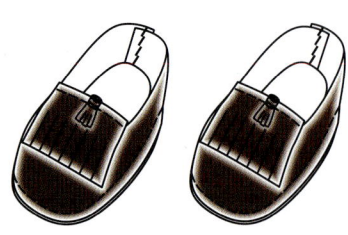

P.17

W
56

신발

재료
에나멜 노란색 25×15cm,
자수실 노란색

56

 P.30

X
57

신발

재료
0.2cm 두께 펠트 검정 15×15cm,
새틴 리본 검정 1.5cm 폭×20cm,
펄 비즈 지름 0.3cm×10개

57

재단도 (실물 크기 패턴은 B면)

에나멜

※ 시접은 0

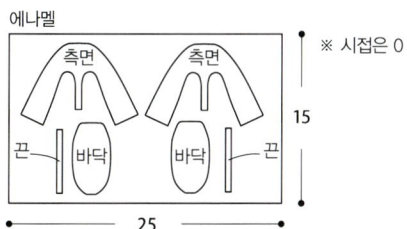

측면　측면
끈　바닥　바닥　끈
15
25

1 끈을 측면 안쪽에 꿰매 붙이기
※ 모두 자수실(2가닥)로 꿰맨다.

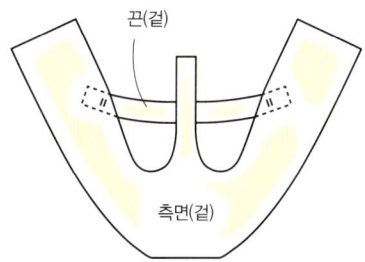

끈(겉)
측면(겉)

2 끈을 통과시킬 고리를 되 꺾어 꿰매 붙이기

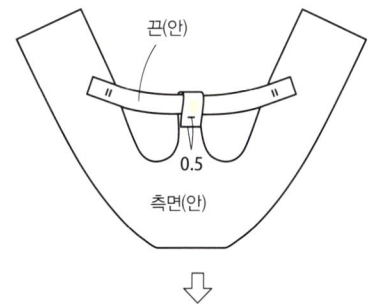

끈(안)
0.5
측면(안)

3 p.68 50 1 2와 같다.

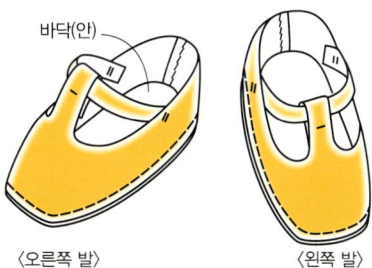

바닥(안)

〈오른쪽 발〉　　〈왼쪽 발〉

재단도 (실물 크기 패턴은 B면)

펠트

※ 시접은 0

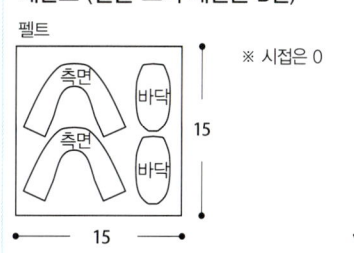

측면　바닥
측면　바닥
15
15

1 측면의 뒤꿈치 부분 꿰매기
※ 재봉틀용 실 2가닥 사용

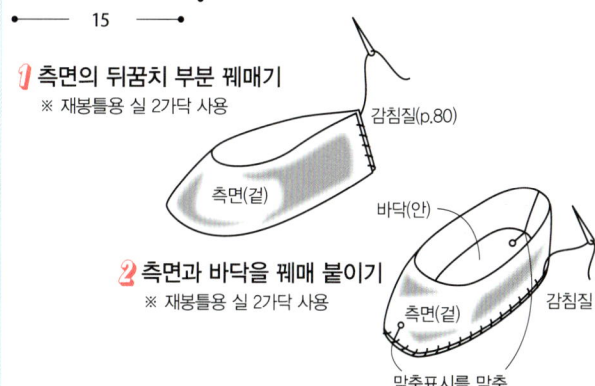

감침질(p.80)
측면(겉)
바닥(안)

2 측면과 바닥을 꿰매 붙이기
※ 재봉틀용 실 2가닥 사용

측면(겉)
감침질
맞춤표시를 맞춤

3 리본을 만들어 측면에 달기

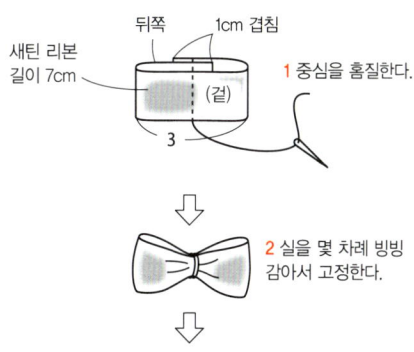

뒤쪽　1cm 겹침
새틴 리본
길이 7cm
(겉)
3
1 중심을 홈질한다.

2 실을 몇 차례 빙빙
감아서 고정한다.

3 다른 실을 뒤에서 빼내
펄 비즈 5개를 끼운다.

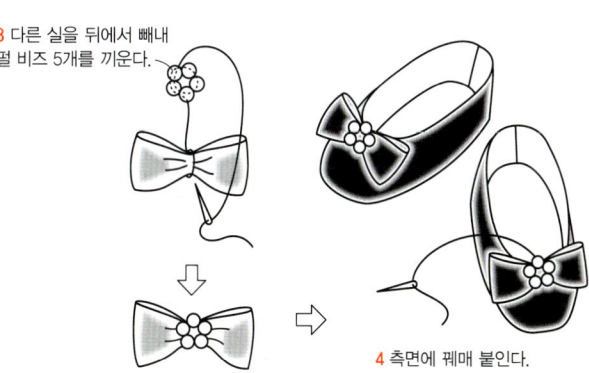

4 측면에 꿰매 붙인다.

69

58 p.12, 23, 24　59 p.14, 25, 32

Y 신발

58, 59

재료

합성피혁 … 58 핑크. 59 검정 25×15cm.
합성피혁 흰색 7×5cm.
그로그램 리본 광목색 0.5cm 폭×60cm.
가는 고무 끈 흰색 100cm.
자수실 … 58 광목색. 59 검정

58
59

재단도(실물 크기 패턴은 B면)

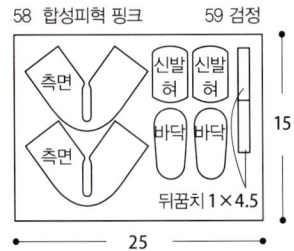

58 합성피혁 핑크　59 검정

측면
측면
신발 혀
신발 혀
바닥 바닥
뒤꿈치 1×4.5
15
25

합성피혁 흰색

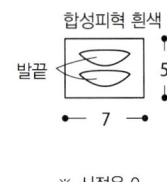

발끝
5
7

※ 시접은 0

※ 지정 이외는 재봉틀용 실을 사용한다.

1 측면에 송곳 등으로 구멍을 뚫어 두기

두 겹으로 접어
2장 함께
구멍을 4개 뚫음

측면(겉)
골선

2 측면과 신발 혀를 꿰매 붙이기

2 자수실(2가닥)로
백 스티치 한다(p.80).

신발 혀(겉)
측면(겉)

1 시침질한다.
가장자리를 맞춤

3 2에 발부리 부분 달기

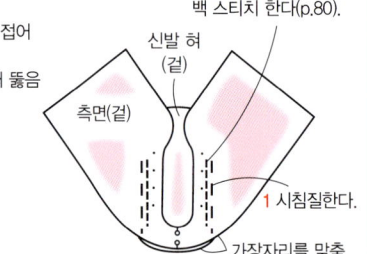

신발 혀(겉)
측면(겉)

신발 혀(안)
측면(겉)
0.7
신발 혀만 컷

1 세로감침질
한다(p.80).
발부리(겉)

2 신발 혀의 끝부분을 자른다.

4 뒤꿈치 꿰매기 (p.69 57 ①)

5 측면과 바닥을 꿰매 붙이기 (p.69 57 ②)

6 리본을 감침질하기

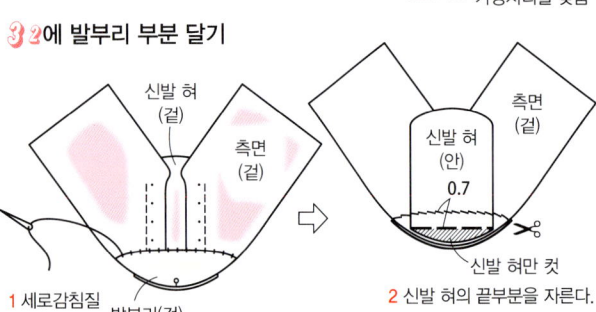

측면(겉)

리본 양 가장자리는
뒤 중심에서
잇대어 감침질하기

바닥(겉)
세로감침질

---

p.20, 33

Z 부츠

60

재료

스웨이드 테이프 갈색 10cm 폭×30cm.
펠트 짙은 갈색 9×9cm
자수실 갈색

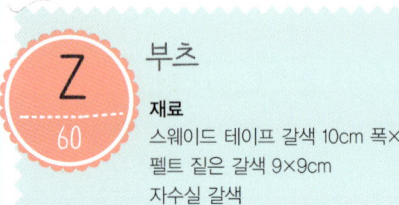

60

재단도(실물 크기 패턴은 B면)

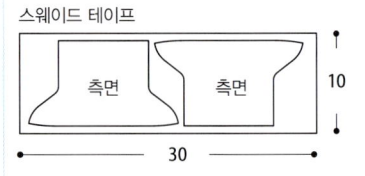

스웨이드 테이프

측면
측면
10
30

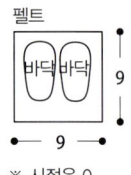

펠트

바닥 바닥
9
9

※ 시접은 0

1 측면을 두 겹으로 접어서 꿰매기

※ 모두 자수실(2가닥)로 꿰맨다.

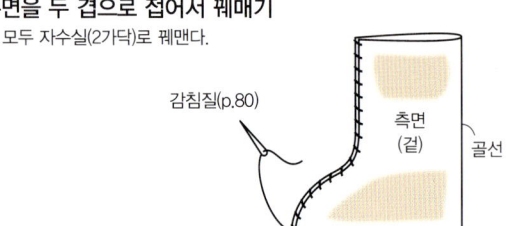

감침질(p.80)
측면(겉)
골선

2 ①와 바닥을 꿰매 붙이기(p.68 50 ②)

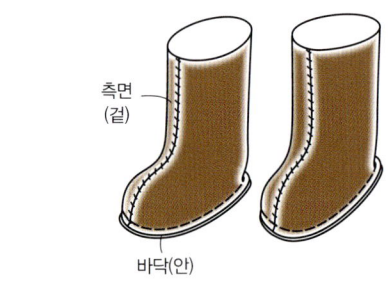

측면(겉)
바닥(안)

7 뒤꿈치 꿰매 붙이기

자수실(2가닥)
백 스티치

뒤꿈치(겉)
측면(겉)
0.2

아래 가장자리를 맞춤

8 고무 끈을 2등분 하여 털실과 굵고 긴 바늘을 사용해 구멍에 끼우기

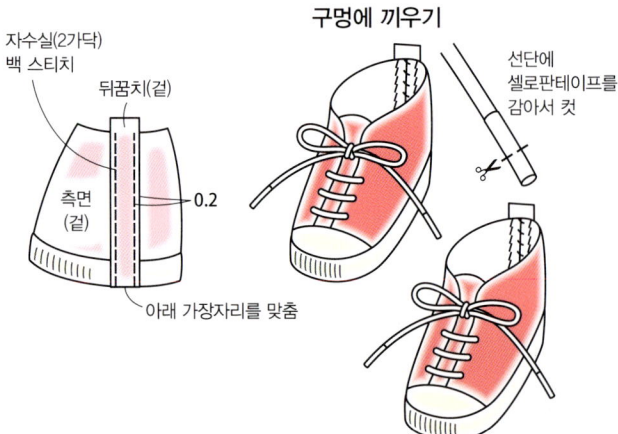

선단에
셀로판테이프를
감아서 컷

70

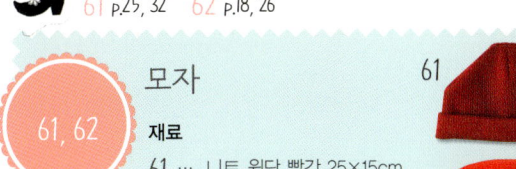 61 p.25, 32　62 p.18, 26

61, 62 모자

재료
61 … 니트 원단 빨강 25×15cm
62 … 펠트 빨강 30×15cm

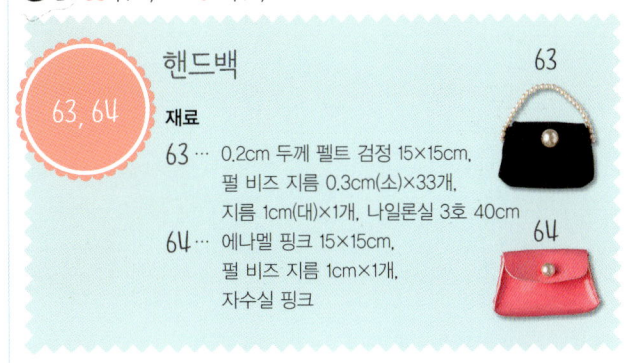 63 p.26, 30　64 p.11, 31

63, 64 핸드백

재료
63 … 0.2cm 두께 펠트 검정 15×15cm,
　　 펄 비즈 지름 0.3cm(소)×33개,
　　 지름 1cm(대)×1개, 나일론실 3호 40cm
64 … 에나멜 핑크 15×15cm,
　　 펄 비즈 지름 1cm×1개,
　　 자수실 핑크

재단도(실물 크기 패턴은 B면)

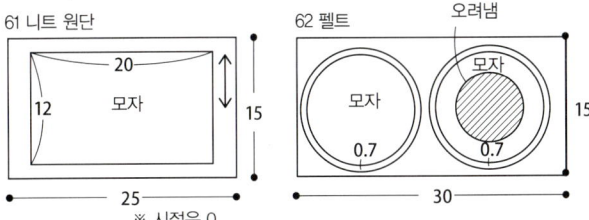

61 니트 원단 / 62 펠트 / 오려냄
모자 / 모자 / 모자
20, 12, 15, 25, 0.7, 0.7, 15, 30
※ 시접은 0

재단도(실물 크기 패턴은 B면)

63 펠트 / 64 에나멜
본체 / 벨트 / 본체
15 / 15 / 15 / 15
※ 시접은 0

63 핸드백

1 본체 꿰매기

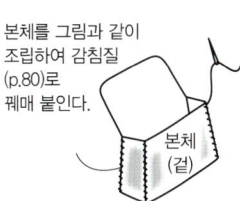
본체를 그림과 같이 조립하여 감침질(p.80)로 꿰매 붙인다.
본체(겉)

61 모자

1 아래쪽을 겉으로 세 겹으로 접어서 시침질하기

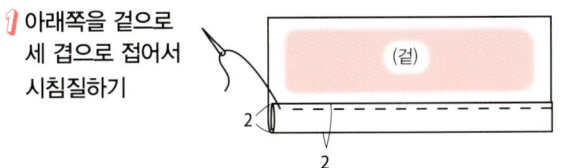
(겉)
2
2

2 겉끼리 맞대어 꿰매기

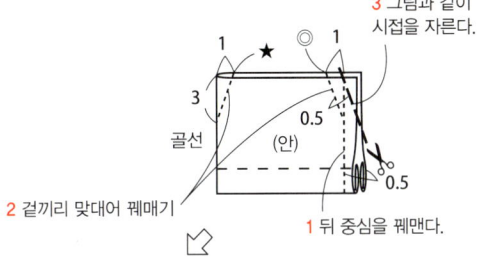
3 그림과 같이 시접을 자른다.
1　★　1　◎
3
골선
0.5
(안)
0.5
2 겉끼리 맞대어 꿰매기
1 뒤 중심을 꿰맨다.

4 ★의 다트를 갈라 ◎와 맞춰서 양 옆의 다트를 꿰맨다.

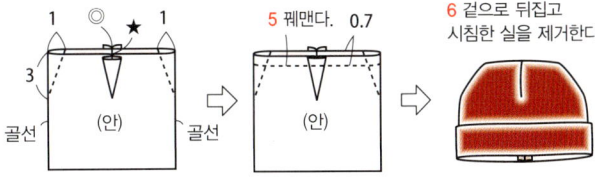
1　◎　★　1
3
골선　(안)　골선
5 꿰맨다. 0.7
(안)
6 겉으로 뒤집고 시침한 실을 제거한다.

2 손잡이를 만들어 본체 옆면에 붙이기

1 나일론실(30cm)에 펄 비즈(소)를 끼운다

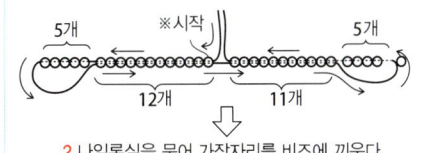
5개　※시작　5개
12개　11개

2 나일론실을 묶어 가장자리를 비즈에 끼운다.

3 비즈 사이를 고정한다.

펄 비즈(대) 다는 방법
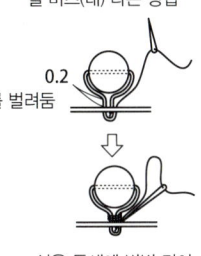
0.2
틈새를 벌려둠
실을 틈새에 빙빙 감아 안쪽에서 옭매듭

3 본체에 가위집을 내고 펄 비즈(대) 달기
0.7
가위집내기
실로 꿰매 붙임

62 모자

1 2장을 겉끼리 맞대어 주위를 꿰매기

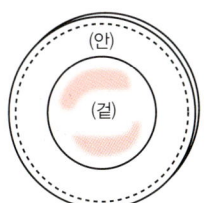
(안)
(겉)

2 겉으로 뒤집어 바느질선을 다리미로 정돈

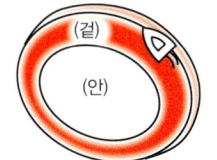
(겉)
(안)

64 핸드백　※ 모두 자수실 2가닥을 사용한다.

1 본체에 벨트 달기

본체(겉)
벨트(겉)
0.2
백 스티치(p.80)

2 본체 꿰매기

앞쪽에서 백 스티치
뒤판(안)
0.2
앞판(겉)
옆판(겉)

3 가위집을 넣어 펄 비즈 달기 (63 3)

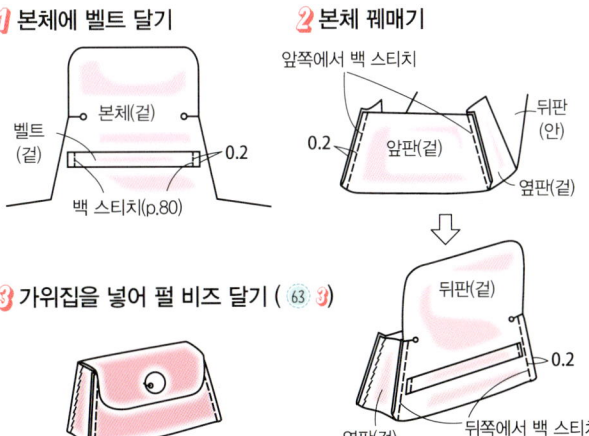
뒤판(겉)
0.2
옆판(겉)
뒤쪽에서 백 스티치

71

65, 66

핸드백

재료

65 … 에나멜 빨간색 20×20cm, 스냅단추 지름 0.5cm×1쌍, 자수실 빨간색

66 … 에나멜 노란색 15×15cm, 자수실 노란색

65

66

67, 68

핸드백, 숄더백

재료

67 … 에나멜 핑크 15×20cm, 자수실 옅은 핑크

68 … 합성피혁 빨간색 10×10cm, 합성피혁 핑크 10×10cm, 스냅단추 지름 0.5cm×1쌍, 테이프 핑크 0.7cm 폭×40cm, 자수실 핑크

67

68

재단도 (실물 크기 패턴은 B면)

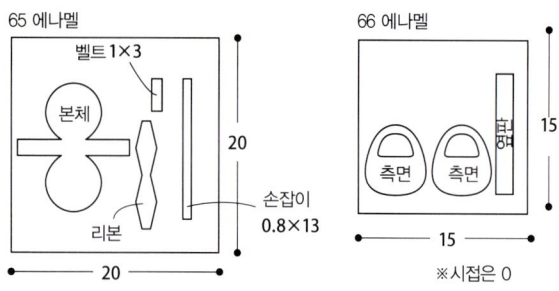

65 에나멜
벨트 1×3
본체
리본
20
20
손잡이 0.8×13

66 에나멜
측면　측면
15
15
※ 시접은 0

재단도 (실물 크기 패턴은 B면)

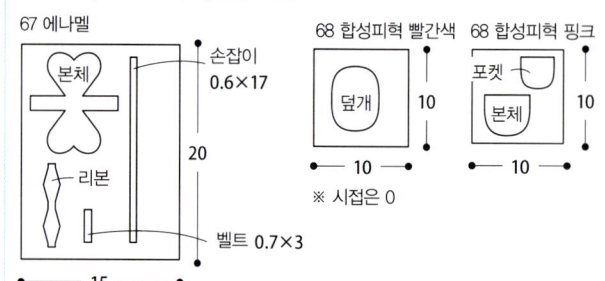

67 에나멜
본체
리본
손잡이 0.6×17
20
벨트 0.7×3
15

68 합성피혁 빨간색
덮개
10
10

68 합성피혁 핑크
포켓
본체
10
10
※ 시접은 0

65 핸드백

1 옆판 꿰매기

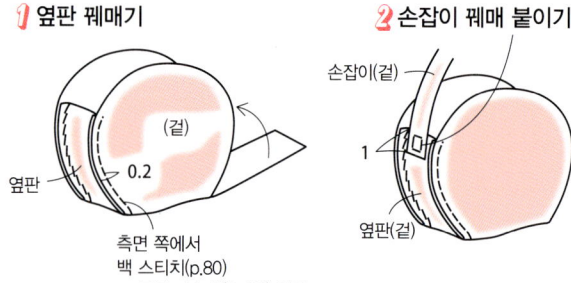

(겉)
옆판　0.2
측면 쪽에서 백 스티치(p.80)
※ 모두 자수실(2가닥) 사용

2 손잡이 꿰매 붙이기

손잡이(겉)
1
옆판(겉)

67 핸드백

만드는 법은 65 1〜3 과 같다.

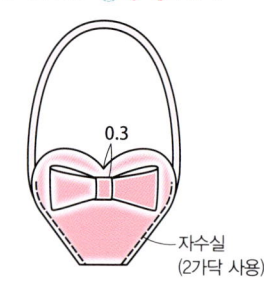

0.3
자수실 (2가닥 사용)

68 숄더백

1 포켓을 본체에 달기

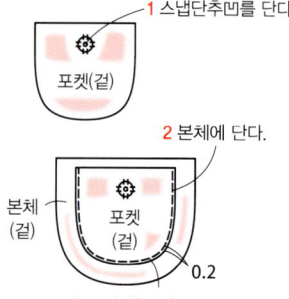

1 스냅단추凹를 단다.
포켓(겉)

2 본체에 단다.
본체 (겉)
포켓 (겉)
0.2
백 스티치(p.80)
※ 스티치는 자수실(2가닥) 사용

3 리본을 만들어 본체에 달기

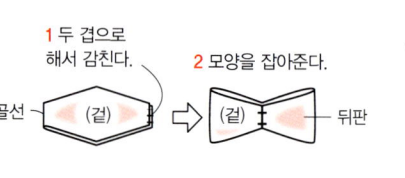

1 두 겹으로 해서 감친다.
골선　(겉)

2 모양을 잡아준다.
(겉)　뒤판

3 벨트를 리본으로 꿰매 붙인다.
뒤판　벨트(겉)

4 벨트를 감아서 감친다.
※ 벨트의 여분은 컷

4 스냅단추 달기

핸드백(겉)
凹
凸
※ 凸은 겉에 천이 울리지 않도록 주의하여 단다.

66 핸드백

측면과 옆판의 맞춤표시를 맞춰 측면 쪽에서 백 스티치(p.80)로 꿰맨다.

2 스냅단추를 달 때 겉면이 울지 않도록 주의하여 꿰매 붙이기

3 덮개와 본체를 안끼리 맞대어 꿰매기

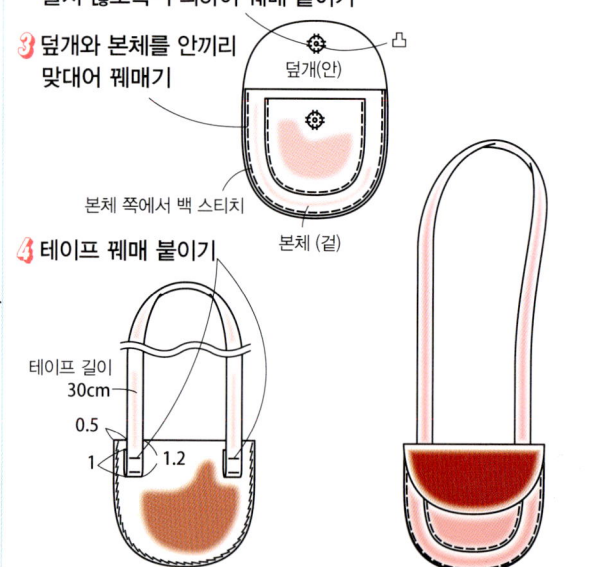

덮개(안)
凸
본체 쪽에서 백 스티치
본체 (겉)

4 테이프 꿰매 붙이기

테이프 길이 30cm
0.5
1　1.2

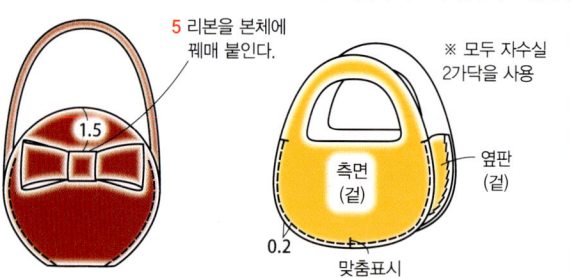

5 리본을 본체에 꿰매 붙인다.
1.5

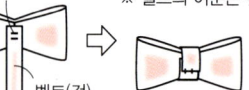

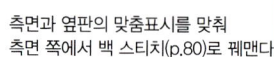

※ 모두 자수실 2가닥을 사용
측면 (겉)
옆판 (겉)
0.2
맞춤표시

69 토트백
재료
69 … 펠트 빨간색 20×20cm

70 숄더백
재료
70 … 합성피혁 주황색 15×20cm,
비즈 지름 0.5cm×1개,
테이프 1.2cm 폭×40cm,
자수실 광목색

재단도

펠트

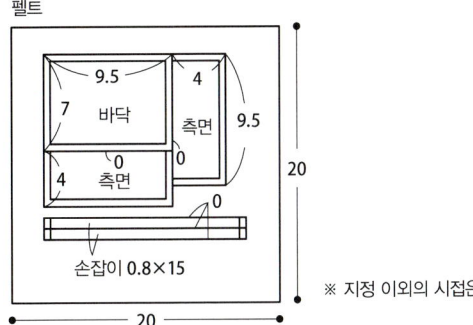

※ 지정 이외의 시접은 0.5cm

재단도(실물 크기 패턴은 B면)

합성피혁

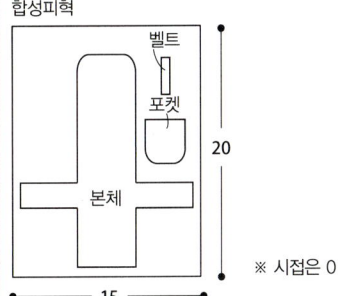

※ 시접은 0

1 측면에 손잡이 달기

2 1과 바닥을 겹쳐서 꿰매기

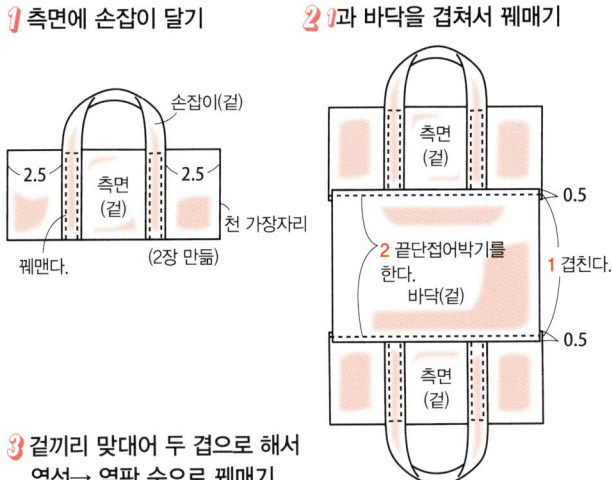

3 겉끼리 맞대어 두 겹으로 해서
옆선→ 옆판 순으로 꿰매기
※ 시접은 가름솔 처리

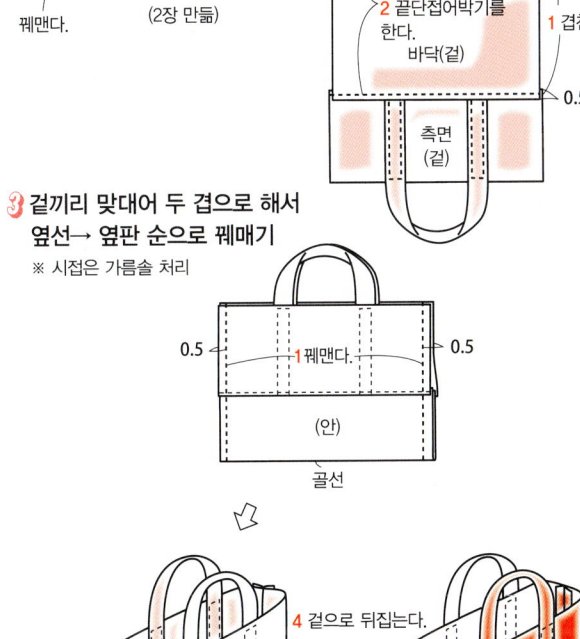

1 벨트에 가위집내기

벨트
가위집내기

2 본체에 포켓과 1을 겹쳐서 꿰매기

※ 모두 자수실(2가닥)을 사용해서
백 스티치(p.80)

포켓(겉)
벨트(겉)
0.2
본체(겉)

3 본체 꿰매기

(안)
0.2
3 겉쪽에서 백 스티치
4 비즈를 단다.
(겉)
2 옆판 쪽에서 백 스티치
1 측면 쪽에서 백 스티치

4 손잡이 달기

1 꿰매 붙인다.
옆판
0.5
테이프 길이 30cm
2 테이프를 세워 꿰매 붙인다.

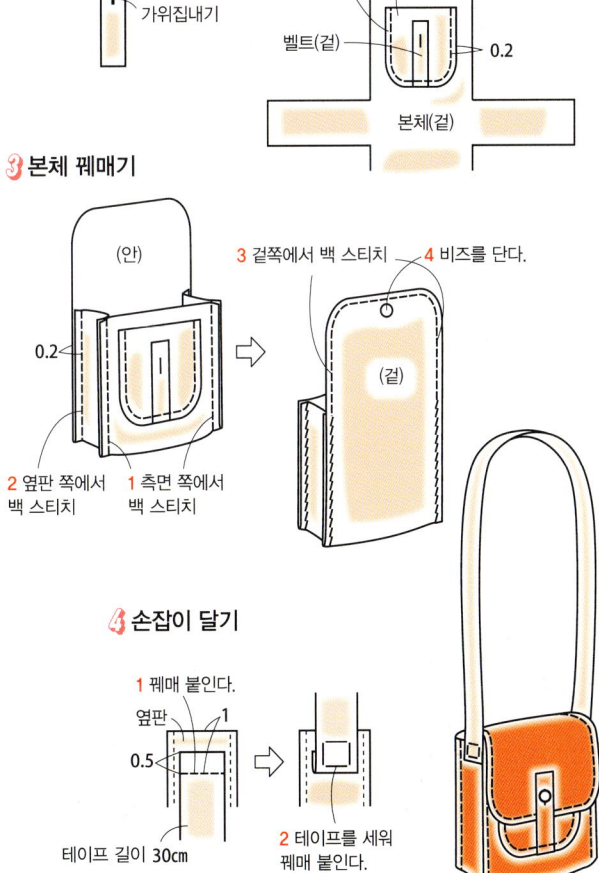

71, 72 75, 76

헤어 밴드, 목걸이

재료

71 … 니트 원단 짙은 핑크 20×15cm, 고무테이프 갈색 0.6cm 폭×10cm
72 … 펄 비즈 지름 0.3cm(소)×63개, 지름 1cm(대)×1개,
　　 라메 리본 검정 1cm 폭×30cm, 투명 고무 30cm, 나일론실 3호 50cm
75 … 펄 비즈 지름 0.5cm×32개, 스냅단추 지름 0.5cm×1쌍, 나일론실 3호 50cm
76 … 아크릴 비즈 지름 0.6cm×28개, 스냅단추 지름 0.5cm×1쌍, 나일론실 3호 50cm

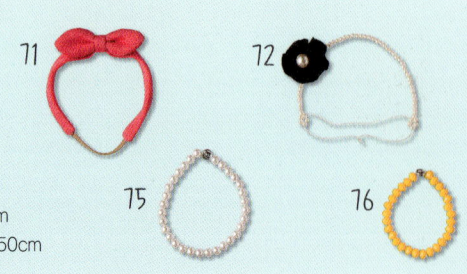

71

72

75

76

71 헤어밴드

재단도(실물 크기 패턴은 B면)

니트 원단

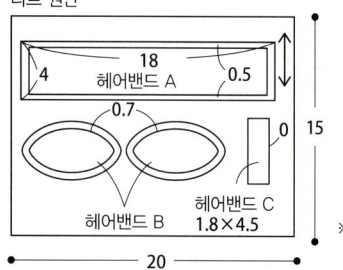

18
4 헤어밴드 A 0.5
0.7
헤어밴드 B
헤어밴드 C
1.8×4.5
0
15
20

※ 지정 이외의 시접은 0.7cm

1 B를 꿰매기

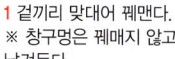

1 겉끼리 맞대어 꿰맨다.
※ 창구멍은 꿰매지 않고 남겨둔다.

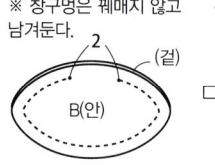

2 (겉)
B(안)

2 겉으로 뒤집어 창구멍을 감친다.
(겉)

3 중심을 홈질하여 줄인다.

2 A를 꿰매기

1 겉끼리 맞대어 꿰맨다.
창구멍은 꿰매지 않고 남겨둔다.

2 겉으로 뒤집어 창구멍을 감친다.

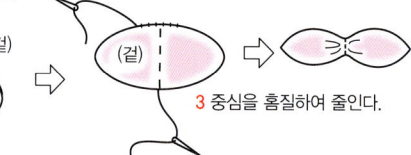

0.5
2
(안)
골선

(겉)

3 A의 중심에 B를 겹치고, C를 감아서 꿰매 붙이기

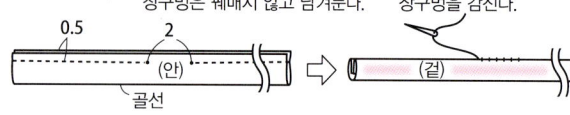

2 가장자리는 0.7cm 접어서 겹친다.

1 C를 세 겹으로 접는다.

B
A
골선

(겉)

4 고무테이프 달기

A
0.7

1 창구멍 부분의 시접을 0.7cm 안으로 접어넣는다.

2 고무테이프 (길이 6.5cm)를 넣고 감는다.

3 반대쪽도 마찬가지로 달아준다.

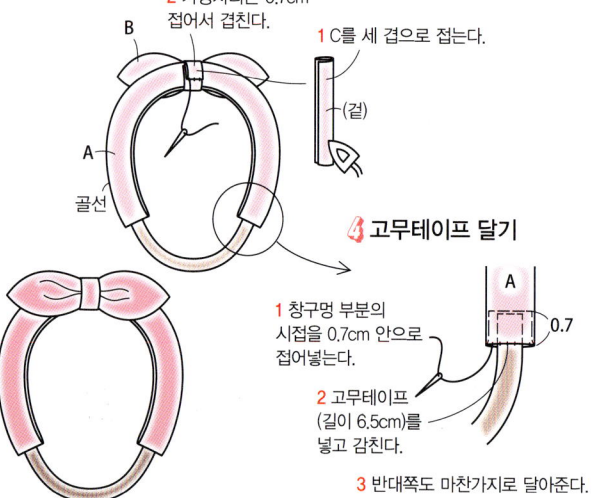

72 헤어밴드

1 펄 비즈(소)로 토대를 만들기(p.71 63 2)

27개 26개

2 꽃을 만들기

1 홈질한다.

라메 리본(길이 30cm)

0.2

2 잔주름을 잡고 감아서 안쪽에 꿰매 붙인다.

3 펄 비즈(대)를 중심에 부착한다.

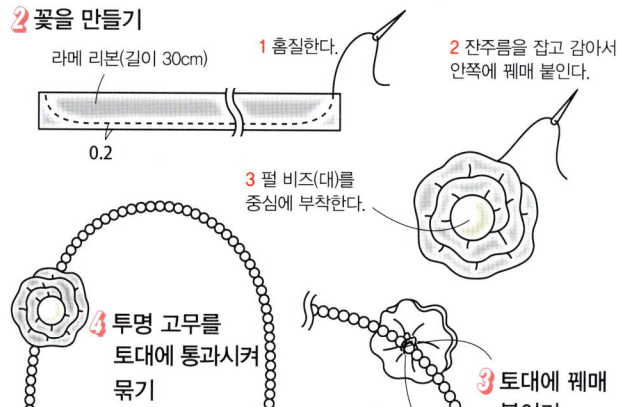

4 투명 고무를 토대에 통과시켜 묶기
투명 고무
(길이 23cm)

3 토대에 꿰매 붙이기
3.5

75 목걸이

1 스냅단추에 나일론실을 연결해서 묶기

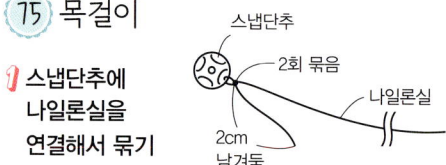

스냅단추
2회 묶음
나일론실
2cm 남겨둠

2 펄 비즈 꿰기

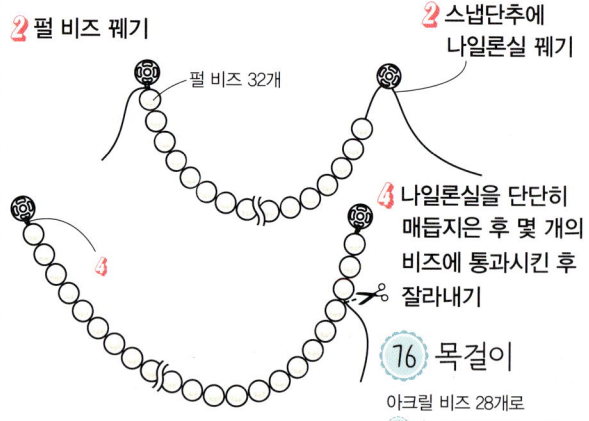

펄 비즈 32개

2 스냅단추에 나일론실 꿰기

4

4 나일론실을 단단히 매듭지은 후 몇 개의 비즈에 통과시킨 후 잘라내기

76 목걸이

아크릴 비즈 28개로 75 와 마찬가지로 만든다.

헤어 액세서리

73, 74, 77

재료

73 … 그로그랭 리본 2cm 폭×20cm, 0.8cm 폭×30cm, 스냅단추 지름 0.5cm×1쌍

74 … 에나멜 노란색 1.5×15cm, 그로그랭 리본 주황색 0.8cm 폭×30cm,
스냅단추 지름 0.5cm 폭×1쌍

77 … 그로그랭 리본 옅은 핑크 1.5cm 폭×30cm,
펄 비즈 지름 0.4cm×7개, 길이 4cm의 똑딱핀 1개

 73
 74
 77

---

73 헤어밴드

1 리본 만들기

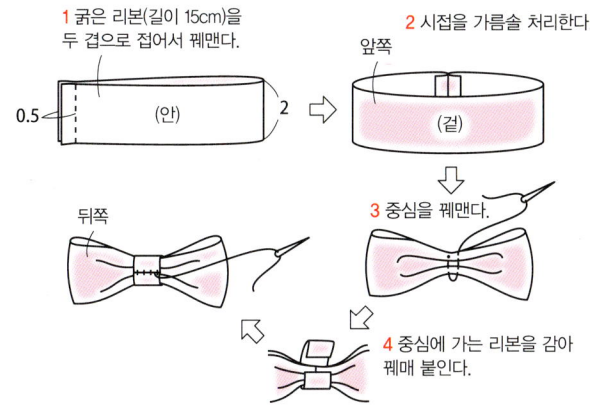

1 굵은 리본(길이 15cm)을 두 겹으로 접어서 꿰맨다.

0.5 (안) 2

2 시접을 가름솔 처리한다.

앞쪽 (겉)

3 중심을 꿰맨다.

뒤쪽

4 중심에 가는 리본을 감아 꿰매 붙인다.

2 가는 리본에 스냅단추를 달아 1에 달기

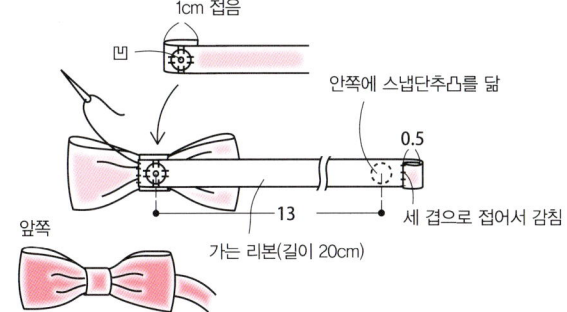

1cm 접음

凹

안쪽에 스냅단추凸를 닮

0.5

세 겹으로 접어서 감침

앞쪽

13

가는 리본(길이 20cm)

74 헤어 액세서리

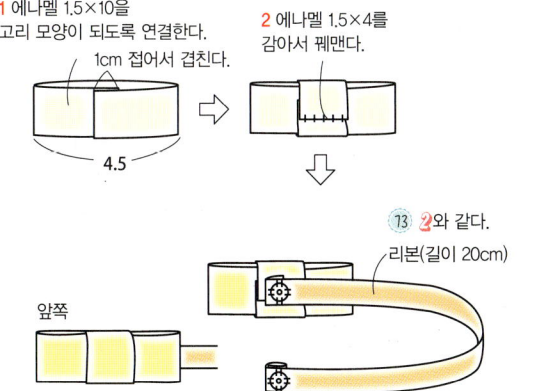

1 에나멜 1.5×10을 고리 모양이 되도록 연결한다.

1cm 접어서 겹친다.

4.5

2 에나멜 1.5×4를 감아서 꿰맨다.

13 2와 같다.

리본(길이 20cm)

앞쪽

---

77 머리핀

1 꽃 만들기

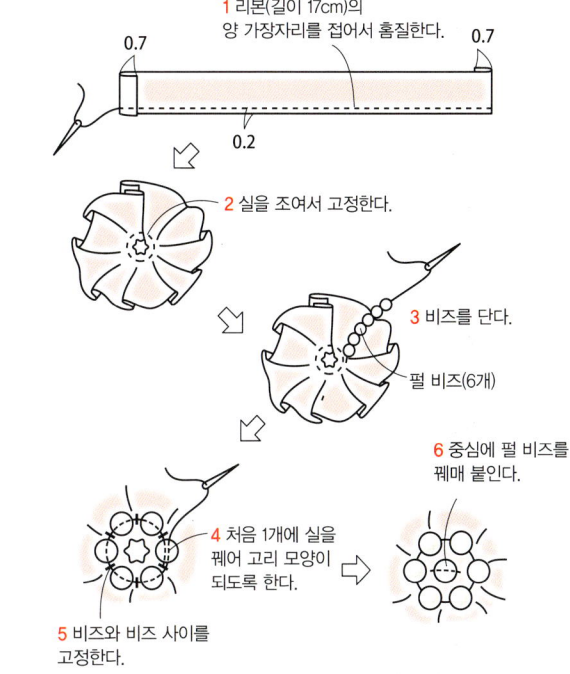

1 리본(길이 17cm)의 양 가장자리를 접어서 홈질한다.

0.7 0.7
0.2

2 실을 조여서 고정한다.

3 비즈를 단다.

펄 비즈(6개)

4 처음 1개에 실을 꿰어 고리 모양이 되도록 한다.

5 비즈와 비즈 사이를 고정한다.

6 중심에 펄 비즈를 꿰매 붙인다.

2 똑딱핀에 리본을 꿰매 붙이기

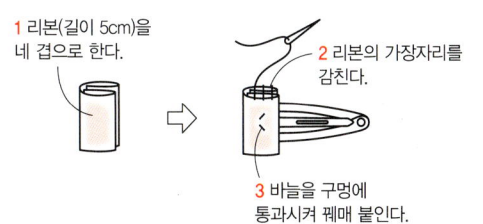

1 리본(길이 5cm)을 네 겹으로 한다.

2 리본의 가장자리를 감친다.

3 바늘을 구멍에 통과시켜 꿰매 붙인다.

3 꽃을 꿰매 붙이기

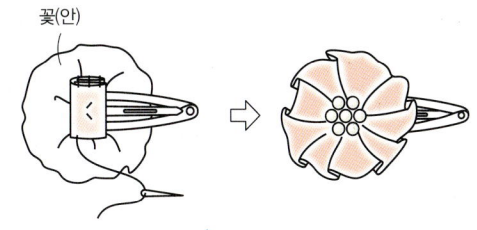

꽃(안)

신발, 리본, 토끼

78, 79, 80

재료

78 … 펠트 검정 15×20cm

79 … 새틴 리본 파란색 1.2cm 폭×30cm, 0.9cm 폭×5cm, 투명 고무 50cm

80 … 펠트 광목색 30×25cm, 흰색 15×15cm, 핑크 6×6cm, 빨간색 5×5cm,
리본 파란색 1.2cm 폭×20cm, 지름 0.4cm의 눈 단추 2개,
와이어 핑크 0.9mm×30cm, 솜, 자수실 갈색

---

78 신발

재단도(실물 크기 패턴은 B면)

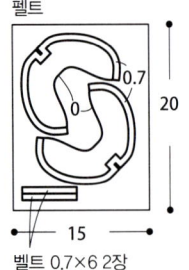

펠트

0.7

20

15

벨트 0.7×6 2장

1 벨트를 꿰매 붙이기

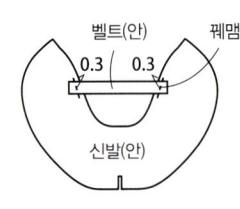

벨트(안)   꿰맴
0.3 0.3

신발(안)

2 겉끼리 맞대어 두 겹으로 해서 꿰매기

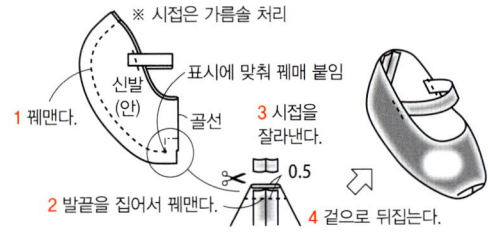

※ 시접은 가름솔 처리

신발(안)

1 꿰맨다.

표시에 맞춰 꿰매 붙임

골선

3 시접을 잘라낸다.

0.5

2 발끝을 집어서 꿰맨다.

4 겉으로 뒤집는다.

---

79 리본핀

1 리본 만들기

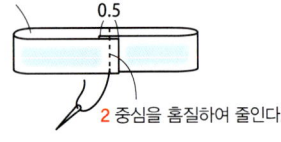

1 굵은 리본(길이 14cm)을 고리 모양으로 만든다.

0.5

2 중심을 홈질하여 줄인다.

5 2개를 겹쳐 가는 리본을 감아서 감친다.

가는 리본
(길이 3.5cm)

뒤쪽

0.5

감침질

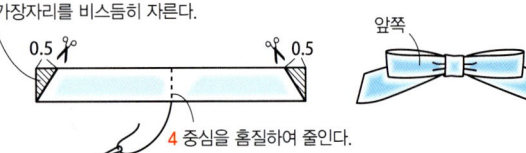

3 굵은 리본 (길이 10cm)의 양 가장자리를 비스듬히 자른다.

0.5   0.5

4 중심을 홈질하여 줄인다.

앞쪽

2 가는 리본의 뒤쪽에 투명 고무 끼우기

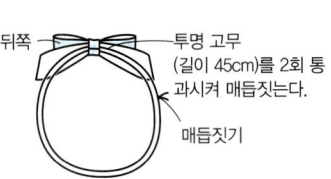

뒤쪽

투명 고무 (길이 45cm)를 2회 통과시켜 매듭짓는다.

매듭짓기

---

p.50에 이어서 **앞치마** 재료는 p.49

재단도(실물 크기 패턴은 B면)

※ 지정 이외의 시접은 0.7cm

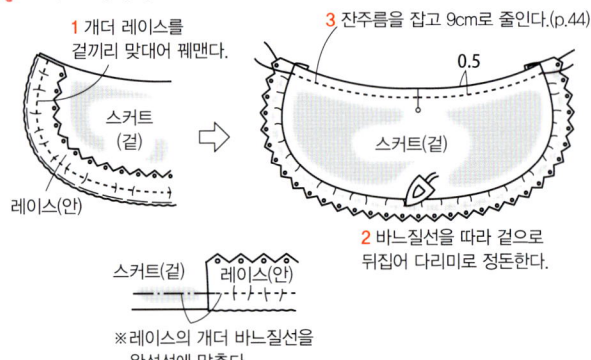

무지

스커트

가슴 덧댐 천

1   1

벨트

리본 A

7.5

21.5

30

리본 B

리본 C 2.2×5

55

1 스커트 꿰매기

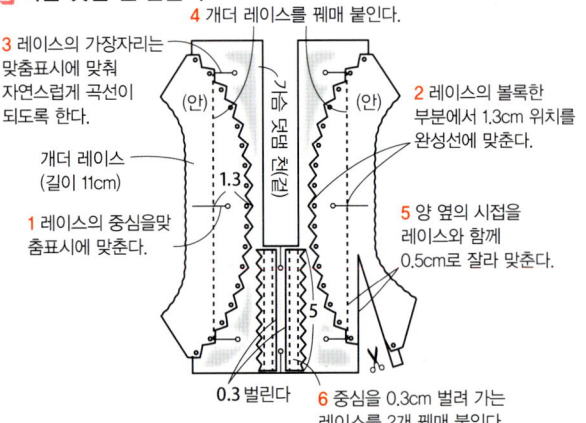

1 개더 레이스를 겉끼리 맞대어 꿰맨다.

3 잔주름을 잡고 9cm로 줄인다.(p.44)

0.5

스커트
(겉)

레이스(안)

스커트(겉)

2 바느질선을 따라 겉으로 뒤집어 다리미로 정돈한다.

스커트(겉)   레이스(안)

※레이스의 개더 바느질선을 완성선에 맞춘다.

2 가슴 덧댐 천 만들기

4 개더 레이스를 꿰매 붙인다.

3 레이스의 가장자리는 맞춤표시에 맞춰 자연스럽게 곡선이 되도록 한다.

개더 레이스
(길이 11cm)

1 레이스의 중심을맞 춤표시에 맞춘다.

(안)   가슴 덧댐 천(겉)   (안)

1.3

2 레이스의 볼록한 부분에서 1.3cm 위치를 완성선에 맞춘다.

5 양 옆의 시접을 레이스와 함께 0.5cm로 잘라 맞춘다.

0.3 벌린다

6 중심을 0.3cm 벌려 가는 레이스를 2개 꿰매 붙인다.

7 양 옆을 완성선에 맞춰 접는다.

8 다른 1장의 가슴 덧댐 천을 겉끼리 맞대어 꿰맨다.

5 다른 1장의 벨트를 겹쳐서 꿰매기

2 세 변을 꿰맨다.

3 꿰맨 부분의 시접을 0.5cm로 잘라 맞춘다.

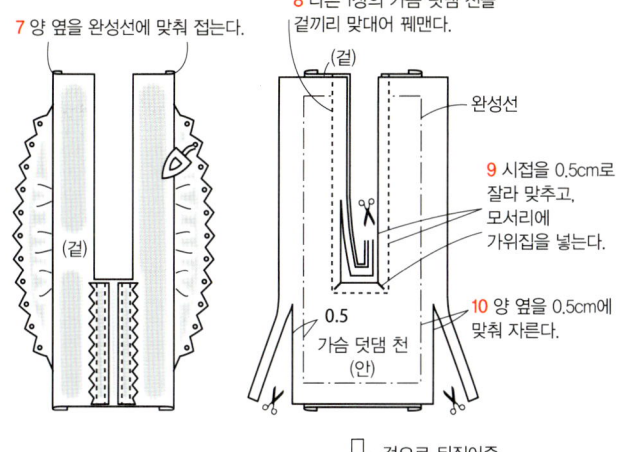

완성선

9 시접을 0.5cm로 잘라 맞추고, 모서리에 가위집을 넣는다.

0.5

10 양 옆을 0.5cm에 맞춰 자른다.

가슴 덧댐 천
(안)

(겉)

벨트
(안)

0.5

1 한쪽 시접을 완성선에 맞춰 접은 후 **3** **2**와 마찬가지로 0.5cm로 자른다.

가슴 덧댐 천/
안쪽

스커트(겉)

0.5

⬇ 겉으로 뒤집어줌

11 다른 1장의 가슴 덧댐 천 양 옆을 완성선에 맞춰 접는다.

4 겉으로 뒤집어 꿰맨다.

0.2

(겉)

12 양 옆을 꿰맨다.

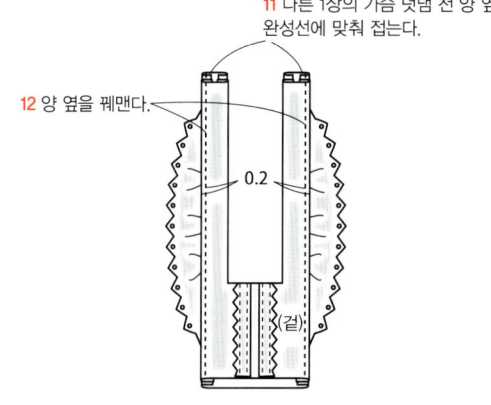

0.2

(겉)

6 리본 A, B를 만들기

리본 B
21.5
0.7 리본 B
(안)
골선

1 겉끼리 맞대어 두 겹으로 접어서 꿰맨다.

리본 A
창구멍 5cm
리본 A(안)
골선

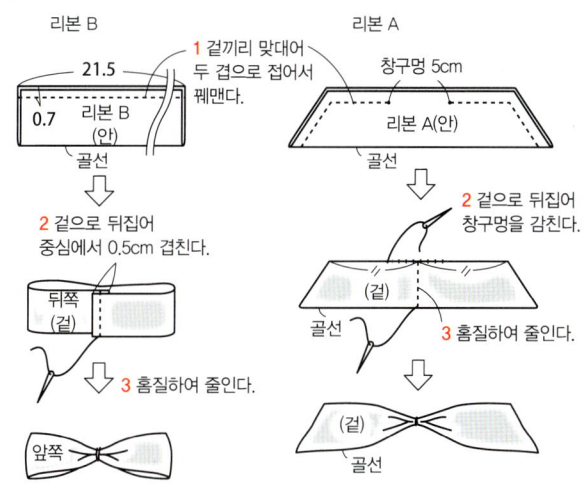

2 겉으로 뒤집어 중심에서 0.5cm 겹친다.

뒤쪽
(겉)

3 홈질하여 줄인다.

앞쪽

2 겉으로 뒤집어 창구멍을 감친다.

(겉)
골선

3 홈질하여 줄인다.

(겉)
골선

3 스커트와 벨트를 겉끼리 맞대어 꿰매 붙이기

1 스커트를 꿰매 붙인다.

옆선 맞춤표시 0.7   옆선 맞춤표시   레이스까지 꿰맴

벨트(겉)

9

스커트(안)

2 벨트를 세워 시접을 스커트와 함께 0.5cm로 잘라 맞춘다.

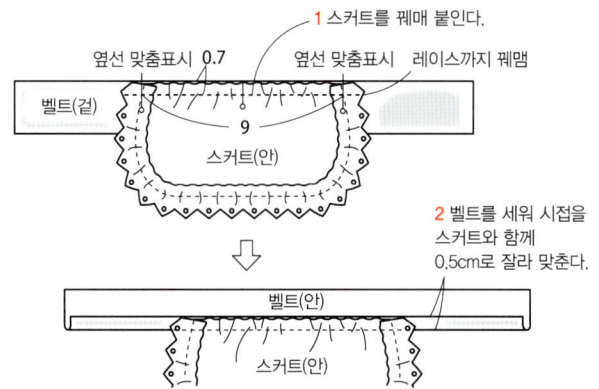

벨트(안)

스커트(안)

4 리본 A에 B를 겹쳐서 리본 C로 감싸서 감친다.

리본 B
뒤쪽

리본 C(안)

0.5cm 접음

리본 A

다시 0.5cm 접음

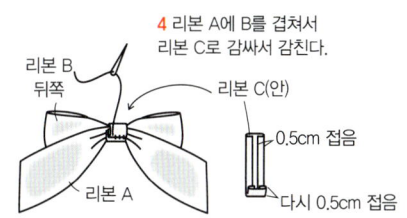

4 가슴 덧댐 천과 어깨끈을 벨트에 임시 고정하기

※ 어깨끈이 뒤집히지 않도록 주의한다.

1.7   중앙   임시 고정   1.7

벨트(겉)

가슴 덧댐 천/
안쪽

스커트(겉)

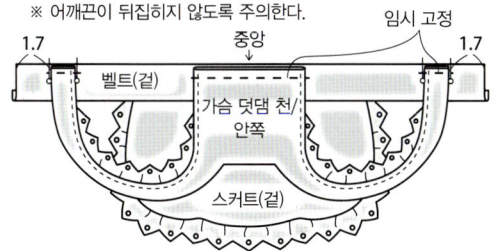

7 스냅단추와 리본을 벨트에 달기

스냅단추
(凹)

뒤쪽

뒤

(안)

스냅단추
(凸)

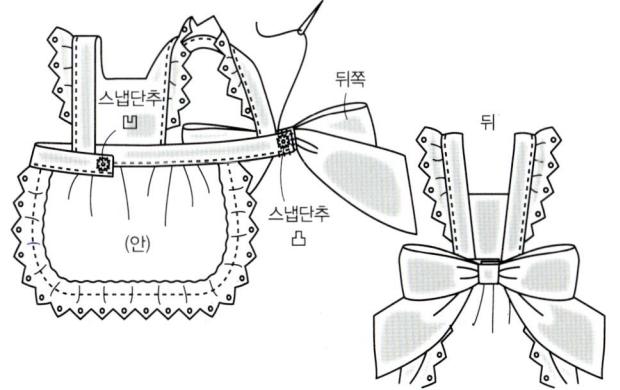

80 토끼

재단도(실물 크기 패턴은 B면)

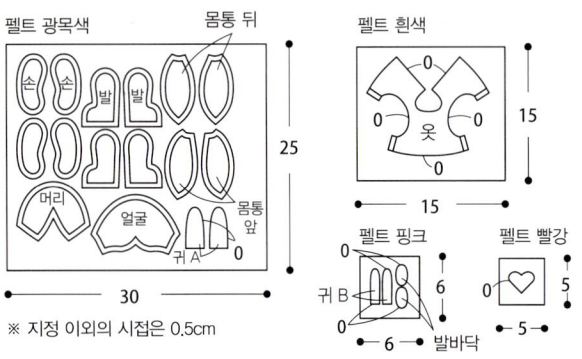

펠트 광목색

손 손 발 발 몸통 뒤
머리 얼굴 몸통 앞
귀 A

25
30

펠트 흰색

옷
0 0
0
0

15
15

펠트 핑크

귀 B
0
발바닥
0
6

6

펠트 빨강

0
하트
5
5

※ 지정 이외의 시접은 0.5cm

1 각 파트 꿰매기

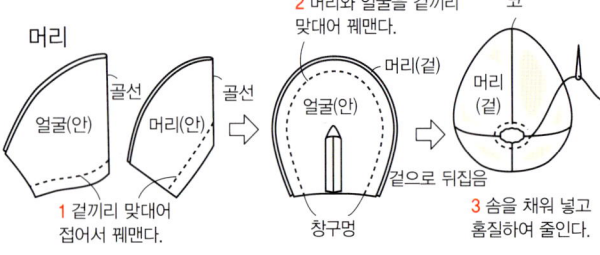

머리

얼굴(안) 골선 머리(안) 골선

1 겉끼리 맞대어
접어서 꿰맨다.

2 머리와 얼굴을 겉끼리
맞대어 꿰맨다.

코
머리(겉)
얼굴(안)

겉으로 뒤집음

창구멍

3 솜을 채워 넣고
홈질하여 줄인다.

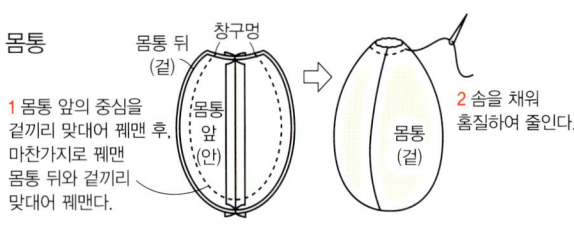

몸통

몸통 뒤(겉) 창구멍

1 몸통 앞의 중심을
겉끼리 맞대어 꿰맨 후,
마찬가지로 꿰매
몸통 뒤와 겉끼리
맞대어 꿰맨다.

몸통 앞(안)

2 솜을 채워
홈질하여 줄인다.

몸통(겉)

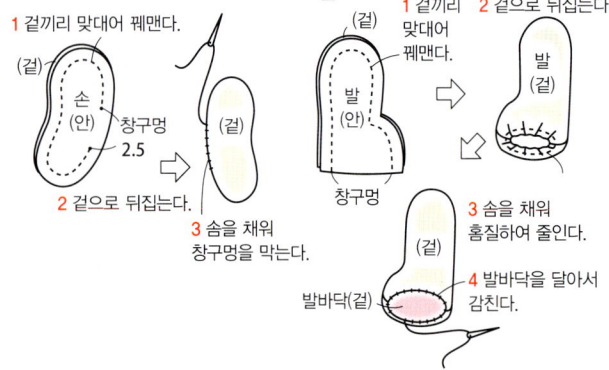

손

1 겉끼리 맞대어 꿰맨다.

(겉) 손(안) 창구멍 2.5

2 겉으로 뒤집는다.

(겉)

3 솜을 채워
창구멍을 막는다.

발

1 겉끼리 맞대어 꿰맨다.

2 겉으로 뒤집는다.

발(겉) 발(안)

창구멍

3 솜을 채워
홈질하여 줄인다.

발바닥(겉)

4 발바닥을 달아서
감친다.

(겉)

2 얼굴 만들기

1 자수를 한다.(자수실 2가닥 사용)

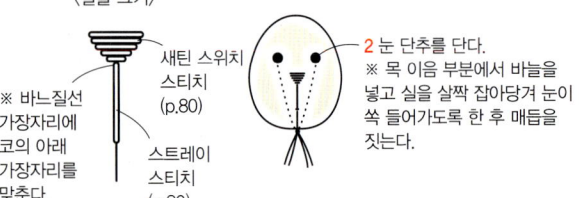

〈실물 크기〉

새틴 스위치
스티치
(p.80)

※ 바느질선
가장자리에
코의 아래
가장자리를
맞춘다.

스트레이
스티치
(p.80)

2 눈 단추를 단다.

※ 목 이음 부분에서 바늘을
넣고 실을 살짝 잡아당겨 눈이
쏙 들어가도록 한 후 매듭을
짓는다.

3 귀 달기

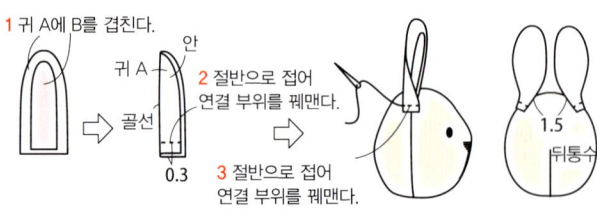

1 귀 A에 B를 겹친다.

귀 A 안
골선
0.3

2 절반으로 접어
연결 부위를 꿰맨다.

3 절반으로 접어
연결 부위를 꿰맨다.

1.5
뒤통수

4 안경 만들기

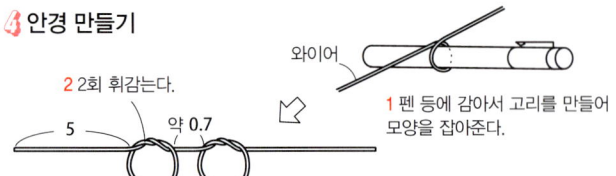

와이어

2 2회 휘감는다.

5 약 0.7

1 펜 등에 감아서 고리를 만들어
모양을 잡아준다.

5 조립하기

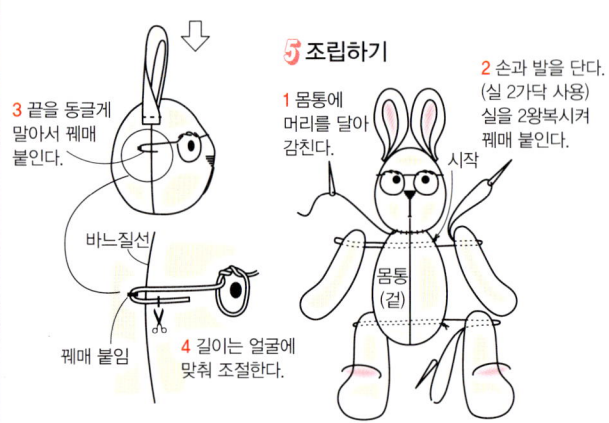

3 끝을 동글게
말아서 꿰매
붙인다.

바느질선

꿰매 붙임

4 길이는 얼굴에
맞춰 조절한다.

1 몸통에
머리를 달아
감친다.

2 손과 발을 단다.
(실 2가닥 사용)
실을 2왕복시켜
꿰매 붙인다.

시작

몸통(겉)

6 옷 만들기

1 앞뒤 몸판을 겉끼리 맞대어 옆선을 꿰맨다.

앞판(겉) 뒤 몸판(안)

2 겉으로
뒤집는다.

뒤 몸판(겉)

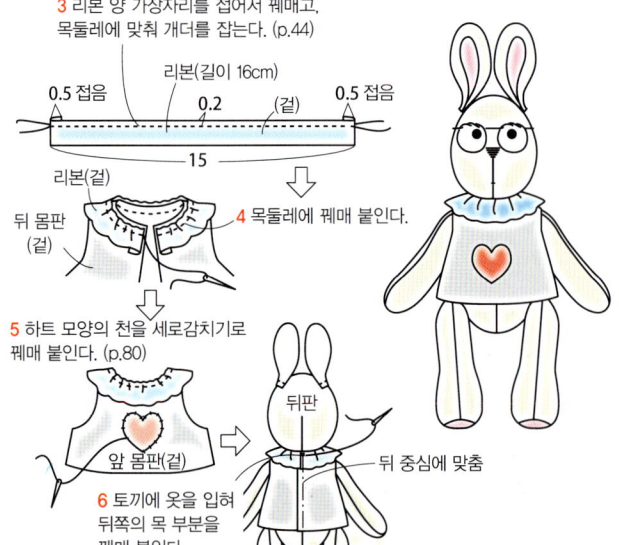

3 리본 양 가장자리를 접어서 꿰매고,
목둘레에 맞춰 개더를 잡는다. (p.44)

리본(길이 16cm)

0.5 접음 0.2 (겉) 0.5 접음
15

리본(겉)

뒤 몸판(겉)

4 목둘레에 꿰매 붙인다.

5 하트 모양의 천을 세로감치기로
꿰매 붙인다. (p.80)

앞 몸판(겉)

뒤판

뒤 중심에 맞춤

6 토끼에 옷을 입혀
뒤쪽의 목 부분을
꿰매 붙인다.

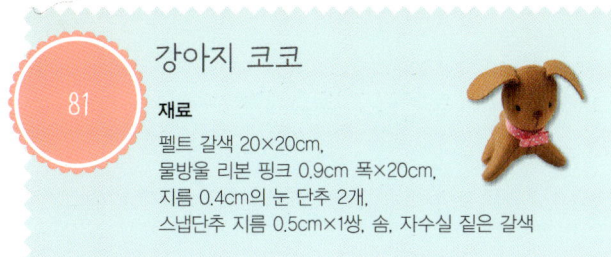
강아지 코코

81

재료
펠트 갈색 20×20cm,
물방울 리본 핑크 0.9cm 폭×20cm,
지름 0.4cm의 눈 단추 2개,
스냅단추 지름 0.5cm×1쌍, 솜, 자수실 짙은 갈색

재단도(실물 크기 패턴은 B면)

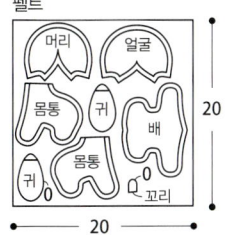

펠트

머리 / 얼굴
몸통 / 귀 / 배
귀 / 몸통 / 꼬리

20
20

※ 지정 이외의 시접은 0.5cm

1 몸통 만들기

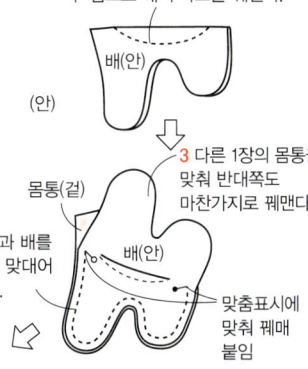

1 배 부분을 겉끼리 맞대어 두 겹으로 해서 다트를 꿰맨다.

배(안)

(안)

3 다른 1장의 몸통을 맞춰 반대쪽도 마찬가지로 꿰맨다.

몸통(겉)

배(안)

2 몸통과 배를 겉끼리 맞대어 꿰맨다.

맞춤표시에 맞춰 꿰매 붙임

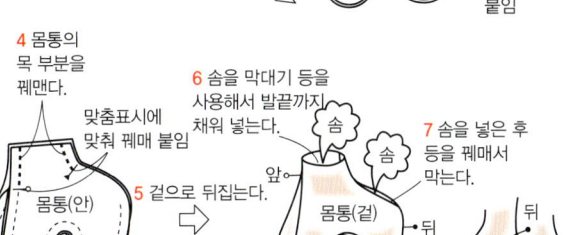
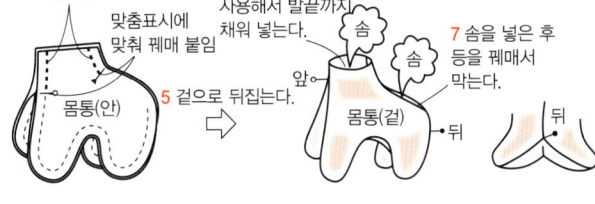

4 몸통의 목 부분을 꿰맨다.

맞춤표시에 맞춰 꿰매 붙임

몸통(안)

5 겉으로 뒤집는다.

6 솜을 막대기 등을 사용해서 발끝까지 채워 넣는다.

솜 / 솜

앞
몸통(겉)
뒤

7 솜을 넣은 후 등을 꿰매서 막는다.

뒤

2 머리 만들기

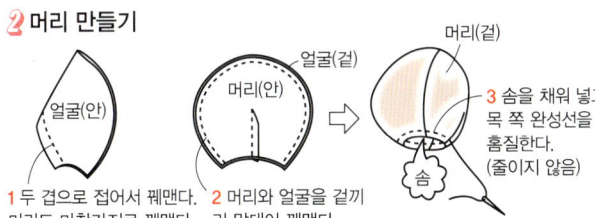
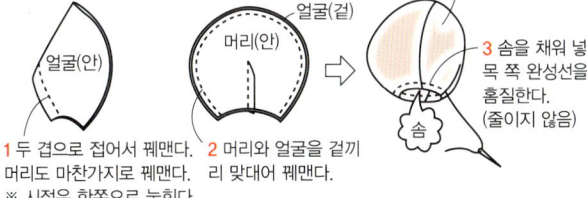

얼굴(안)

머리(안)

얼굴(겉)

머리(겉)

3 솜을 채워 넣고 목 쪽 완성선을 홈질한다.
(줄이지 않음)

솜

1 두 겹으로 접어서 꿰맨다. 머리도 마찬가지로 꿰맨다.
※ 시접은 한쪽으로 눕힌다.

2 머리와 얼굴을 겉끼리 맞대어 꿰맨다.

3 몸통을 머리에 끼워 넣어 감치기

얼굴(겉)

※ 머리 홈질(**2**의 **3**)에 따라 감침질하기

0.3
몸통(겉)

※ 뒤는 맞춤표시(T)에 맞춘다.

4 얼굴 만들기

1 수를 놓는다. (p.78 **2**의 1)

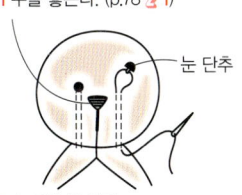

눈 단추

2 눈 단추를 단다. 목 이음 부분에서 바늘을 넣고, 실을 살짝 잡아 당겨 눈이 쏙 들어가도록 꿰매 붙인다.

5 귀 달기

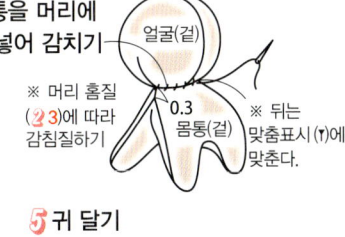

1 시접을 접어 감친다.

2 양 옆을 꿰매 붙인다.

귀 / 귀
3.5
0.7

6 꼬리를 엉덩이에 꿰매 붙이기

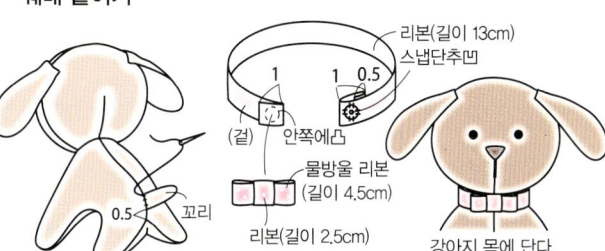

0.5
꼬리

7 목걸이를 만들어 달기 (p75 🔞 2)

리본(길이 13cm)
스냅단추⊟

1 / 1 / 0.5

(겉) 안쪽에⊟

물방울 리본
(길이 4.5cm)

리본(길이 2.5cm)

강아지 목에 단다.

안나의 머리카락 만드는 방법 합세모사 짙은 갈색을 25g

1 앞 머리카락 달기 (p.36 1~7과 같다)

2 뒤 머리카락을 임시 고정해서 꿰매 붙이기

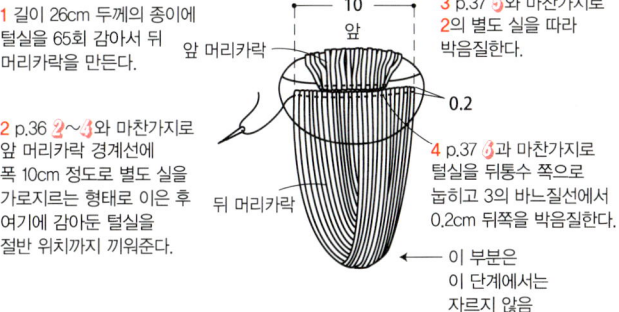

1 길이 26cm 두께의 종이에 털실을 65회 감아서 뒤 머리카락을 만든다.

2 p.36 2~3과 마찬가지로 앞 머리카락 경계선에 폭 10cm 정도로 별도 실을 가로지르는 형태로 이은 후 여기에 감아둔 털실을 절반 위치까지 끼워준다.

10
앞
앞 머리카락

0.2

뒤 머리카락

3 p.37 5와 마찬가지로 2의 별도 실을 따라 박음질한다.

4 p.37 6과 마찬가지로 털실을 뒤통수 쪽으로 눕히고 3의 바느질선에서 0.2cm 뒤쪽을 박음질한다.

이 부분은 이 단계에서는 자르지 않음

3 옆 머리카락 붙이기

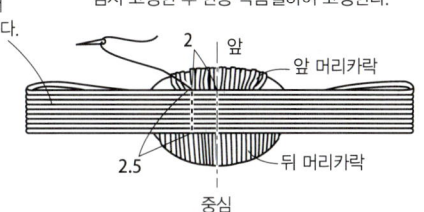

1 길이 29cm 두께의 종이에 털실을 30회 감아서 옆 머리카락을 만든다.

2 옆 머리카락을 앞 머리카락과 뒤 머리카락의 바느질선을 가리듯 배치하고, 앞 머리카락과 마찬가지로 별도의 털실을 가로지르는 형태로 임시 고정한 후 한층 박음질하여 고정한다.

2
앞
앞 머리카락

2.5
뒤 머리카락

중심

4 옆 머리카락을 귀 위치에서 한데 묶어 털실로 머리에 꿰매 붙인다.

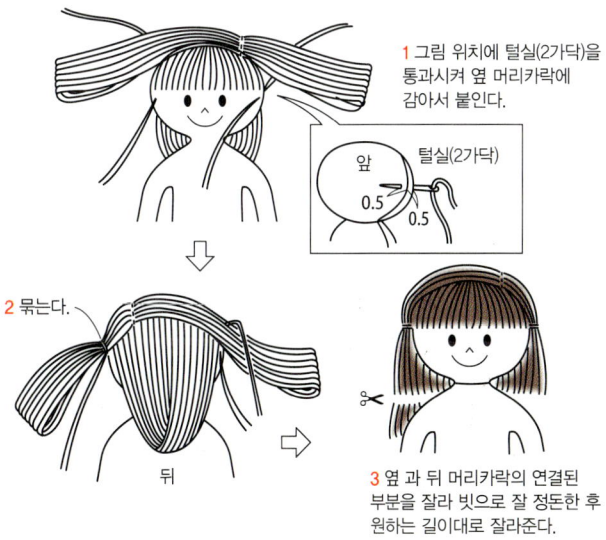

1 그림 위치에 털실(2가닥)을 통과시켜 옆 머리카락에 감아서 붙인다.

앞
털실(2가닥)
0.5
0.5

2 묶는다.

뒤

3 옆 과 뒤 머리카락의 연결된 부분을 잘라 빗어 잘 정돈한 후 원하는 길이대로 잘라준다.

니나와 니나의 옷을 만들 때 사용하는
소잉 테크닉

세로감침질
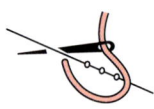

감침질
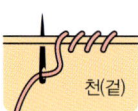
천(겉)

홈질
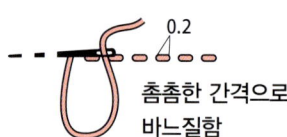
0.2
촘촘한 간격으로
바느질함

러닝 스티치
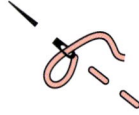

백 스티치

스트레이트 스티치
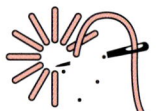

플라이 스티치
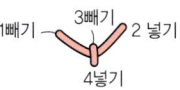
1빼기   3빼기   2 넣기
4넣기

새틴 스티치
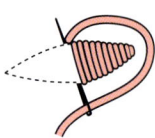

스냅단추 다는 방법

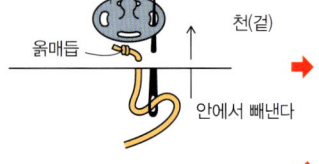
스냅단추(凸)
옭매듭
천(겉)
안에서 빼낸다

바늘에 실을 건다

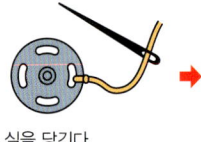
실을 당긴다

3회 꿰매면
다음 구멍으로 진행

옭매듭을 한다

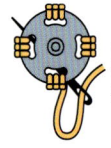
스냅단추 아래를
통과시킨 후 실을
자른다

※스냅단추(凹)도 마찬가지로 단다.

단추 다는 방법

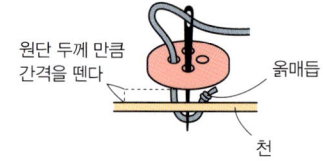
원단 두께 만큼
간격을 뗀다
옭매듭
천

위에서 본 모습

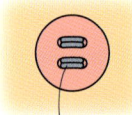
2회씩 실을 왕복

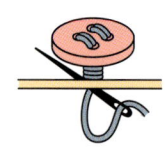
단추 아래로 바늘을
뺀 후 옭매듭

니나의 실물 크기 패턴1 (만드는 방법은 p.35)

완성 크기 : 약35cm

재료

무지 흰색 75×30cm, 접착심지 10×10cm, 합세모사 적갈색 25g, 솜 50g, 자수실 갈색, 핑크

재단도

무지

※ 지정 이외의 시접은 0.7cm

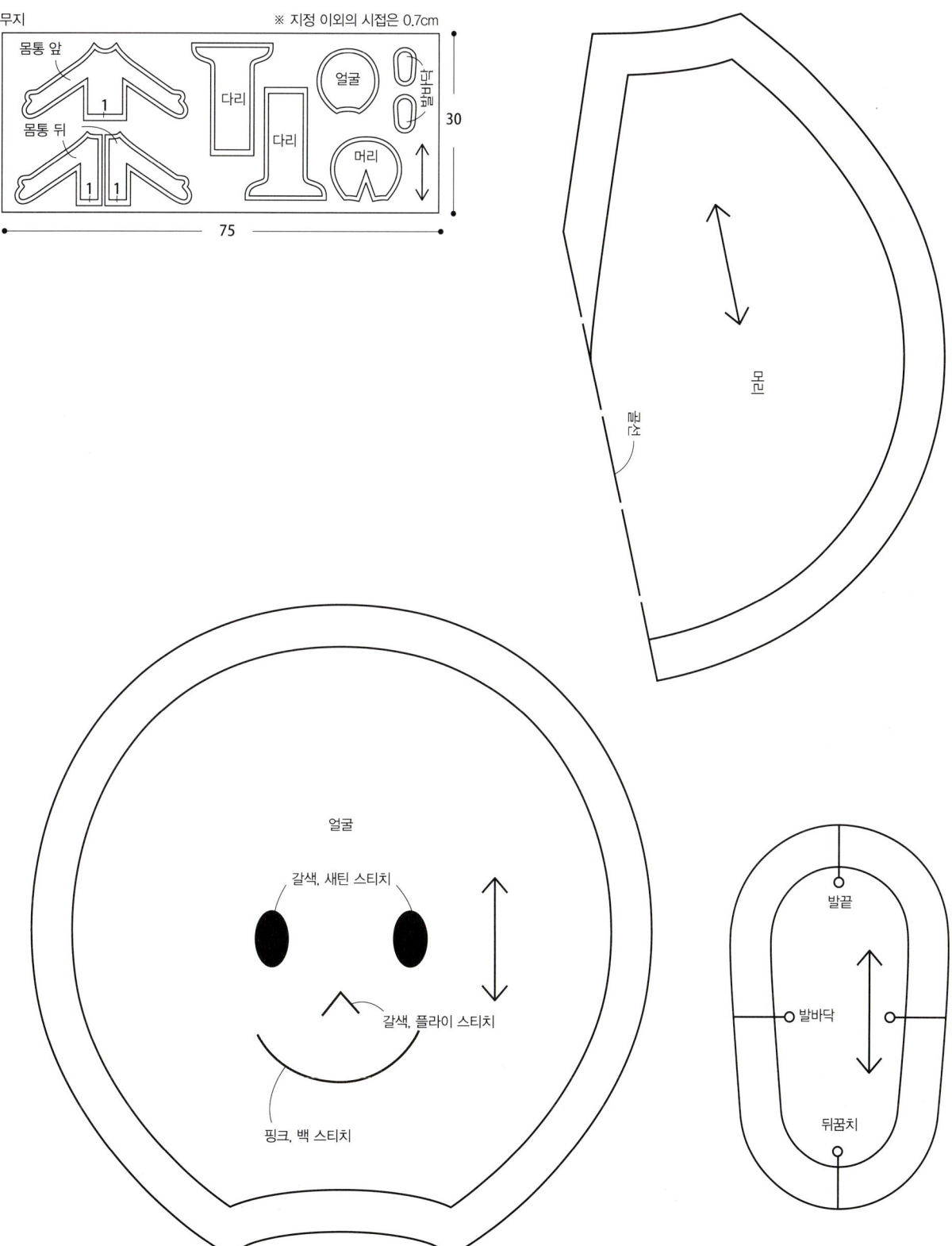

몸통 앞
몸통 뒤
다리
다리
얼굴
머리
머리
1
1
1
30
75

모리

올감

얼굴

갈색, 새틴 스티치

갈색, 플라이 스티치

핑크, 백 스티치

발끝
발바닥
뒤꿈치

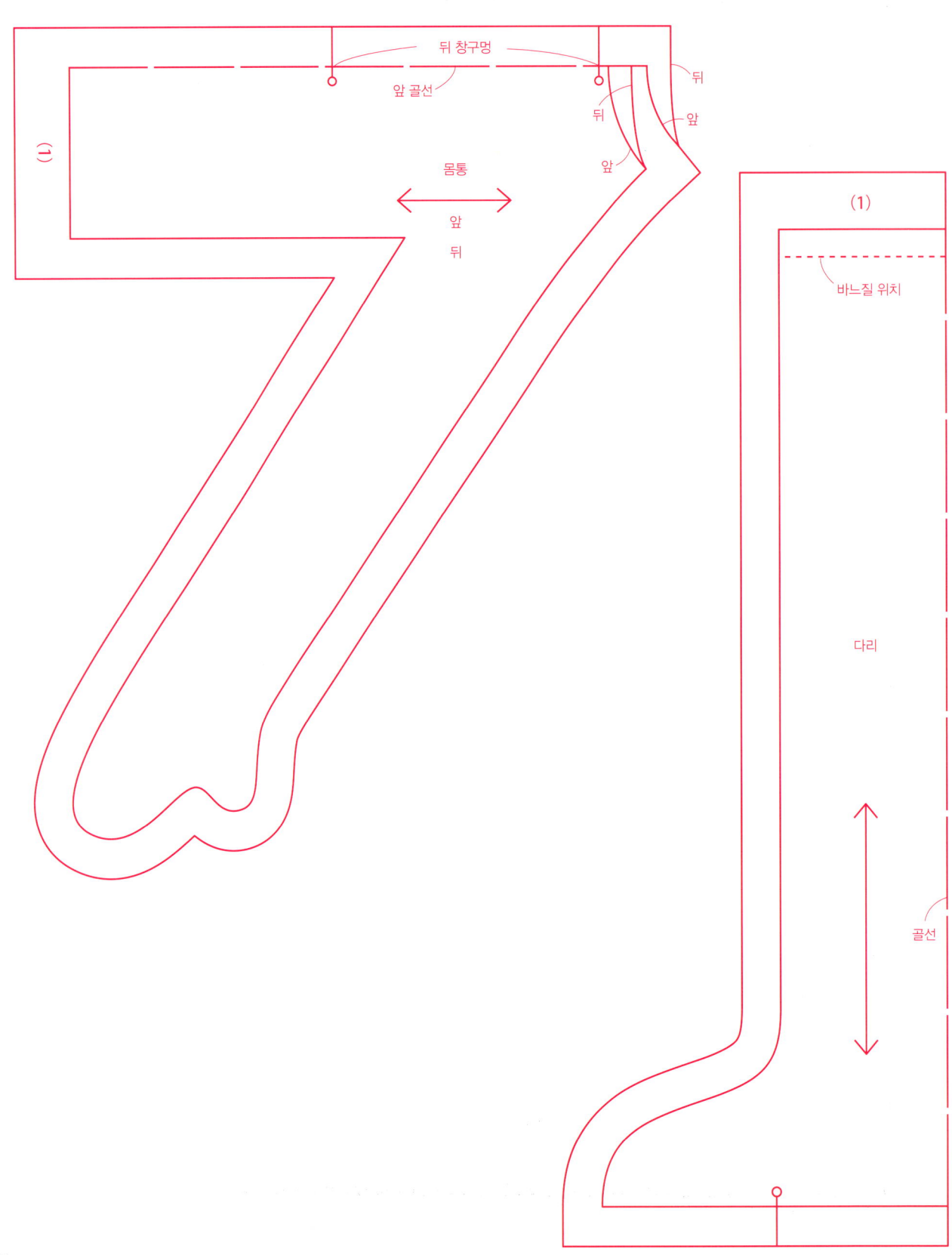

뒤 창구멍

앞 골선

뒤

뒤

앞

앞

(1)

몸통

앞

뒤

(1)

바느질 위치

다리

골선

NINA NO KISEKAE BOOK
Copyright ⓒ HOBBYRA HOBBYRE CORPORATION 2015
Korean translation copyright ⓒ 2017 Turning Point
Original Japanese language edition published by Shufunotomo Co., Ltd.
Korean translation rights arranged with Shufunotomo Co., Ltd., through Danny Hong Agency.

핸드메이드 컨트리인형
니나의 인형 옷 만들기

2017년 8월 10일 초판 1쇄 인쇄
2017년 8월 20일 초판 1쇄 발행

지은이 호비라 호비레
옮긴이 고정아

펴낸이 정상석
기획 · 편집 터닝포인트
동영상 강의 최정혜
교정 김성은
마케팅 이병진
북디자인 원미정
펴낸 곳 터닝포인트(www.diytp.com)
등록번호 제2005-000285호
주소 (03991) 서울시 마포구 동교로27길 53 지남빌딩 308호
대표 전화 (02)332-7646
팩스 (02)3142-7646
ISBN 979-11-6134-005-0 13630
정가 15,000원

내용 및 집필 문의 diamat@naver.com
터닝포인트는 삶에 긍정적 변화를 가져오는 좋은 원고를 환영합니다.

이 도서의 국립중앙도서관 출판예정도서목록(CIP)은 서지정보유통지원시스템 홈페이지(http://seoji.nl.go.kr)와
국가자료공동목록시스템(http://www.nl.go.kr/kolisnet)에서 이용하실 수 있습니다. (CIP제어번호 : CIP2017017074)